미래와 통하는 책

# 동양북스 외국어 베스트 도서

### 700만 독자의 선택!

새로운 도서,
다양한 자료
동양북스
홈페이지에서
만나보세요!

www.dongyangbooks.com
m.dongyangbooks.com

※ 학습자료 및 MP3 제공 여부는 도서마다 상이하므로 확인 후 이용 바랍니다.

## 홈페이지 도서 자료실에서 학습자료 및 MP3 무료 다운로드

### PC

❶ 홈페이지 접속 후 도서 자료실 클릭
❷ 하단 검색 창에 검색어 입력
❸ MP3, 정답과 해설, 부가자료 등 첨부파일 다운로드

* 원하는 자료가 없는 경우 '요청하기' 클릭!

### MOBILE

* 반드시 '인터넷, Safari, Chrome' App을 이용하여 홈페이지에 접속해주세요. (네이버, 다음 App 이용 시 첨부파일의 확장자명이 변경되어 저장되는 오류가 발생할 수 있습니다.)

❶ 홈페이지 접속 후 ☰ 터치

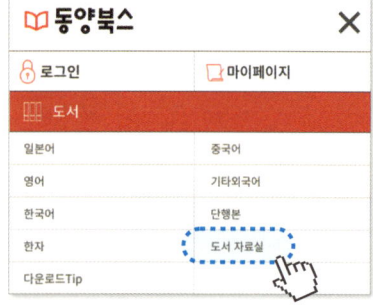

❷ 도서 자료실 터치

❸ 하단 검색창에 검색어 입력
❹ MP3, 정답과 해설, 부가자료 등 첨부파일 다운로드

* 압축 해제 방법은 '다운로드 Tip' 참고

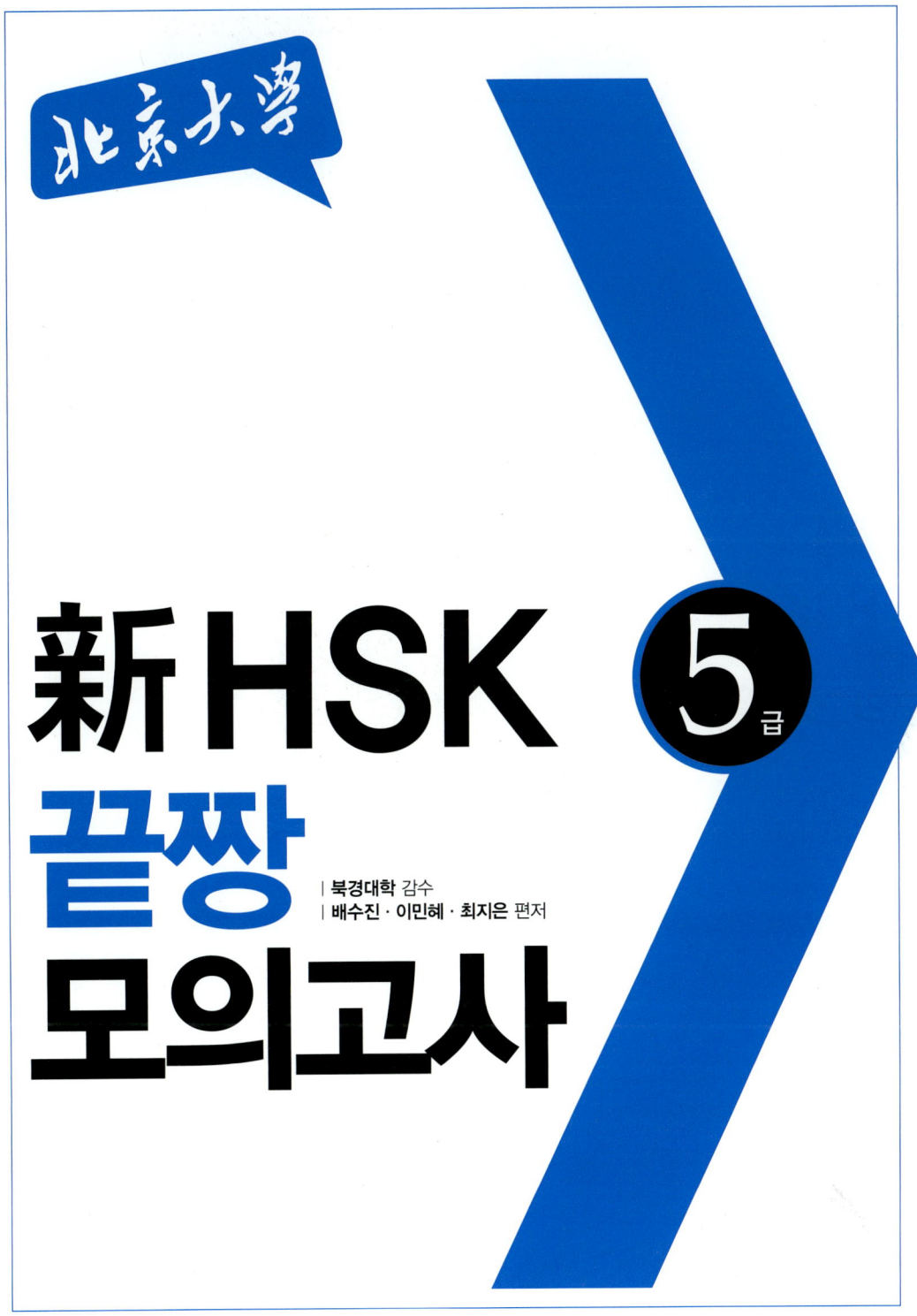

新HSK 끝짱 모의고사 5급

초판 6쇄 | 2024년 8월 5일

편저자 | 배수진, 이민혜, 최지은
발행인 | 김태웅
편　집 | 김상현, 김수연
디자인 | 남은혜, 김지혜
마케팅 총괄 | 김철영
온라인 마케팅 | 김은진
제　작 | 현대순

발행처 | (주)동양북스
등　록 | 제2014-000055호
주　소 | 서울시 마포구 동교로22길 14 (04030)
전　화 | (02)337-1737
팩　스 | (02)334-6624

http://www.dongyangbooks.com

ISBN 979-11-5703-015-6 14720
　　　979-11-5703-013-2 (세트)

ⓒ 배수진·이민혜·최지은, 2014

▶ 본 책은 저작권법에 의해 보호를 받는 저작물이므로 무단 전재와 복제를 금합니다.
▶ 잘못된 책은 구입처에서 교환해 드립니다.

# 머리말

新한어수평고시(新汉语水平考试, 이하 新HSK)는 중국 국가한판(中国国家汉办)이 새롭게 내놓은 권위 있는 중국어능력평가시험입니다. 新HSK 취득자는 국내 기업 취업 및 승진 시 일정의 가산점을 부여 받을 수 있는 장점이 있어, 응시자 수가 해마다 증가하고 있습니다. 뿐만 아니라 문화, 예술, 산업 등 다방면에서 중국어에 대한 수요가 증가하고 있기에, 이제 중국어는 영어 못지않게 중요한 언어가 되었습니다. 이에 수험생들이 단시간에 新HSK를 취득할 수 있도록 실제 시험과 유사한 문제들을 반복 학습함으로써 시험 합격률을 높이고, 실제 중국어 구사 능력까지 향상시킬 수 있도록 하기 위해서 이 실전 모의고사 문제집을 만들게 되었습니다.

## 1 2014년 최신 개정 난이도 전격 반영!

이 책의 집필진은 수십 년간 현장 강의 경험을 통해 매년 바뀌는 新HSK의 경향과 흐름을 파악하였고, 특히 2013년에 비해 월등히 난이도가 높아진 최근 新HSK 경향을 반영하였습니다. 출제율이 떨어지는 어휘들은 배제하였고, 최근 4~5개월 동안의 기출 경향을 담았습니다. 또한, 新HSK에 출제된 문장과 단어, 출제 특징 및 문제의 핵심 포인트를 분석하였습니다. 이를 통해 수험생들이 실제 시험과 매우 유사한 문제들로 학습하여 짧은 시간 내에 점수를 취득할 수 있게 될 것입니다.

## 2 응시자 눈높이에 맞춘 문제 구성

다년간의 HSK 강의 경험을 통해 많은 수험생들이 쉽게 암기하지 못하는 어휘, 어려워하는 문장 구조들을 통계 분석하여 반영하였습니다. 눈높이에 정확히 맞춰진 문제 및 어휘들을 통해 시간 낭비 없이 최단 시간에 수험 능력을 전반적으로 향상시킬 수 있도록 하였습니다.

## 3 북경대학의 감수로 믿고 푸는 실전 모의고사

시중에 많은 HSK 모의고사가 있지만, 권위 있는 북경대학 HSK 집필진이 감수하고 그 결과를 반영한 모의고사는 본 서가 처음이자 마지막입니다. 다년간 HSK만을 연구하고 또 문제 출제에 참여한 경험이 있는 집필진들이 직접 감수를 하여 현재 출간된 그 어떤 모의고사보다도 더 최신 출제 경향에 가까워, 본 서로 자신의 실력을 점검한 후 바로 시험장으로 갈 수 있는 단 하나의 모의고사라고 자부합니다.

본 실전 모의고사 문제집은 최근 변화된 난이도에 근거해서 HSK 강의만 10년 해온 편저자가 수험생들의 눈높이에 맞춰 집필된 훌륭한 수험 대비서임을 자부합니다. 오랜 기간 동안 심혈을 기울여 준비한 이 실전 모의고사 시리즈가 新HSK를 준비하는 모든 수험생들에게 밝은 빛을 비춰주는 등대가 되길 바랍니다.

**편저자** 배수진, 이민혜, 최지은

# HSK 소개

新HSK는 국제 중국어능력 표준화 시험으로, 중국어가 모국어가 아닌 수험생의 생활, 학습과 업무 중 중국어를 이용하여 교제를 진행하는 능력을 중점적으로 측정한다.

## 1. 구성 및 용도

新HSK는 필기시험과 구술시험으로 나누어지며, 각 시험은 서로 독립되어 있다. 또한 新HSK는 ① 대학의 신입생 모집·분반·수업 면제·학점 수여 ② 기업의 인재채용 및 양성·진급 ③ 중국어 학습자의 중국어 응용능력 이해 및 향상 ④ 중국어 교육 기관의 교육 성과 파악 등의 참고 기준으로 사용할 수 있다.

| 필기시험 | 구술시험 |
| --- | --- |
| 新HSK 6급 (구 고등 HSK에 해당) | HSKK 고급 |
| 新HSK 5급 (구 초중등 HSK에 해당) | HSKK 고급 |
| 新HSK 4급 (구 초중등 HSK에 해당) | HSKK 중급 |
| 新HSK 3급 (구 기초 HSK에 해당) | HSKK 중급 |
| 新HSK 2급 (신설) | HSKK 초급 |
| 新HSK 1급 (신설) | HSKK 초급 |

※ 구술시험은 녹음 형식으로 이루어진다.

## 2. 등급

新HSK 각 등급과 〈국제 중국어 능력 기준〉, 〈유럽 언어 공통 참고규격(CEF)〉의 대응 관계는 아래와 같다.

| 新HSK | 어휘량 | 국제 중국어 능력 기준 | 유럽 언어 공통 참고규격(CEF) |
| --- | --- | --- | --- |
| 6급 | 5,000 이상 | 5급 | C2 |
| 5급 | 2,500 | 5급 | C1 |
| 4급 | 1,200 | 4급 | B2 |
| 3급 | 600 | 3급 | B1 |
| 2급 | 300 | 2급 | A2 |
| 1급 | 150 | 1급 | A1 |

| 新HSK 1급 | 매우 간단한 중국어 단어와 문장을 이해하고 사용할 수 있으며, 구체적인 의사소통 요구를 만족시키고 진일보한 중국어 능력을 구비한다. |
| --- | --- |
| 新HSK 2급 | 익숙한 일상 화제에 대해 중국어로 간단하고 직접적인 교류를 할 수 있으며, 초급 중국어의 우수 수준이라 할 수 있다. |
| 新HSK 3급 | 중국어로 일상생활, 학습, 업무 등 방면에서 기본 의사소통이 가능하며 중국에서 여행할 때 대부분의 의사소통이 가능하다. |
| 新HSK 4급 | 비교적 넓은 영역의 화제에 대해 중국어로 토론할 수 있으며, 원어민과 비교적 유창하게 대화할 수 있다. |
| 新HSK 5급 | 중국어로 신문과 잡지를 읽고 영화와 TV 프로그램을 감상할 수 있으며 중국어로 비교적 완전한 연설을 할 수 있다. |
| 新HSK 6급 | 중국어로 된 정보를 가볍게 듣고 이해할 수 있으며, 구어 또는 서면어의 형식으로 자신의 견해를 유창하게 표현할 수 있다. |

## 3. 접수

① **인터넷 접수**: HSK 홈페이지(www.hsk.or.kr)에서 접수
② **우 편 접 수**: 구비서류(사진을 부착한 응시원서 + 반명함판 사진 + 응시비 입금영수증)를 동봉하여 HSK한국사무국으로 등기 발송
③ **방 문 접 수**: HSK한국사무국 또는 서울공자아카데미(HSK한국사무국 2층)에서 접수
　　　　　　　　[접수시간] 평일 - 오전 10시~12시, 오후 1시~5시 / 토요일 - 오전 10시~12시
　　　　　　　　[준비물] 응시원서, 사진 3장(3x4cm 반명함판 컬러 사진, 최근 6개월 이내 촬영)

## 4. 시험 당일 준비물

**수험표, 2B 연필, 지우개, 신분증**
※유효한 신분증:
- 18세 이상- 주민등록증, 운전면허증, 기간만료 전의 여권, 주민등록증 발급신청 확인서
- 18세 미만- 기간만료 전의 여권, 청소년증, 청소년증 발급신청 확인서, HSK 신분확인서
　　주의! 학생증, 사원증, 국민건강보험증, 주민등록등본, 공무원증은 인정되지 않음

## 5. 성적 조회, 성적표 수령

시험일로부터 1개월 후 중국고시센터 홈페이지(www.hanban.org)에서 개별 성적 조회가 가능하며, 성적표는 시험일로부디 45일 이후 발송된다.

# HSK 5급

## 1. HSK 5급 소개

- **어휘 수 :** 2,500개
- **수　 준 :** 중국어로 된 신문과 잡지를 읽고 영화와 TV 프로그램을 감상할 수 있으며 중국어로 비교적 완전한 연설을 할 수 있다.
- **대　 상 :** 매주 2~4시간씩 2년 이상(400시간 이상) 집중적으로 중국어를 학습하고 2,500개의 상용어휘 및 관련 어법 지식을 가지고 있는 학습자를 대상으로 한다.

## 2. 시험 구성

| 시험과목 | 문제형식 | 문항 수 | | 시간 |
|---|---|---|---|---|
| 듣기 | 제1부분 | 20 | 45 | 약 30분 |
| | 제2부분 | 25 | | |
| 듣기 답안지 작성 | | | | 5분 |
| 독해 | 제1부분 | 15 | 45 | 45분 |
| | 제2부분 | 10 | | |
| | 제3부분 | 20 | | |
| 쓰기 | 제1부분 | 8 | 10 | 40분 |
| | 제2부분 | 2 | | |
| 합계 | | 100 | | 약 120분 |

※ 총 시험 시간 125분(개인정보 작성 시간 5분 포함)

## 3. 영역별 문제 유형

| | | |
|---|---|---|
| 듣기 | 제1부분 (20문제) | **두 사람의 대화 듣고 질문에 답하기**<br>두 사람의 대화 뒤에 들려주는 질문에 대한 답을 고른다. 시험지에 제시된 4개의 보기 중 알맞은 답안을 고른다.(녹음은 1번 들려준다.) |
| | 제2부분 (25문제) | **4~5문장의 대화 혹은 단문 듣고 질문에 답하기**<br>4~5문장의 대화는 각각 10문제, 단문은 2~3문제씩 15문제로 구성된다. 대화나 단문을 듣고 시험지에 제시된 4개의 보기 중 알맞은 답안을 고른다.(녹음은 1번 들려준다.) |

| | | | |
|---|---|---|---|
| 독해 | 제1부분<br>(15문제) | 빈칸에 알맞은 단어/문장 고르기 | |
| | | 매 지문마다 몇 개의 빈칸이 있다.(한 지문당 3~4문제) 빈칸에 알맞은 단어나 문장을 보기에서 고른다. | |
| | 제2부분<br>(10문제) | 단문 독해: 일치하는 내용 고르기 | |
| | | 한 문제당 1개의 단문과 4개의 보기가 주어진다. 단문의 내용과 일치하는 보기를 고른다. | |
| | 제3부분<br>(20문제) | 장문 독해: 질문에 답하기 | |
| | | 한 지문당 3~4문제가 나온다. 지문을 읽고 제시된 질문에 알맞은 답안을 보기에서 고른다. | |
| 쓰기 | 제1부분<br>(8문제) | 주어진 어휘를 조합해서 문장 만들기 | |
| | | 주어진 몇 개의 어휘를 이용하여 하나의 완전한 문장을 만든다. | |
| | 제2부분<br>(2문제) | 어휘 및 그림 보고 80자 단문 쓰기 | |
| | | 문제1: 주어진 몇 개의 단어를 모두 사용하여 80자 정도의 단문을 쓴다.<br>문제2: 주어진 그림이나 사진을 보고 80자 정도의 단문을 쓴다. | |

## 4. 성적

성적표는 듣기, 독해, 쓰기 세 영역의 점수 및 총점이 기재되며, 총점이 180점을 넘어야 합격이다.

| | 만점 | 점수 |
|---|---|---|
| 듣기 | 100 | |
| 독해 | 100 | |
| 쓰기 | 100 | |
| 총점 | 300 | |

※HSK 성적은 시험일로부터 2년간 유효하다.

# HSK 성적표

国家汉办/孔子学院总部
Hanban/Confucius Institute Headquarters

新 汉 语 水 平 考 试
Chinese Proficiency Test

## HSK（五级）成绩报告
HSK (Level 5) Examination Score Report

姓名：_____
Name

性别：_____ 国籍：_____
Gender　　　　　Nationality

考试时间：_____ 年 _____ 月 _____ 日
Examination Date　　Year　　Month　　Day

编号：_____
No.

|  | 满分 (Full Score) | 你的分数 (Your Score) |
|---|---|---|
| 听力 (Listening) | 100 |  |
| 阅读 (Reading) | 100 |  |
| 书写 (Writing) | 100 |  |
| 总分 (Total Score) | 300 |  |

总分180分为合格（Passing Score：180）

主任 _____ 国家汉办
Director　　　　　　　　　Hanban

中国 · 北京
Beijing · China

# 차례

- 머리말     3
- 新HSK 소개     4
- 新HSK 5급     6
- 新HSK 성적표     8

- **실전 모의고사 제1회** ………… 13
- **실전 모의고사 제2회** ………… 41
- **실전 모의고사 제3회** ………… 69
- **실전 모의고사 제4회** ………… 97
- **실전 모의고사 제5회** ………… 125

- 녹음 스크립트     152
- 정답     194
- 답안지     205

# 新HSK 끝짱 모의고사 5급

新汉语水平考试

# 실전 모의고사 제1회

# 新汉语水平考试
# HSK(五级)
# 全真模拟题 1

## 注 意

一、HSK（五级）分三部分：

　　1．听力(45题，约30分钟)

　　2．阅读(45题，45分钟)

　　3．书写(10题，40分钟)

二、听力结束后，有5分钟填写答题卡。

三、全部考试约125分钟(含考生填写个人信息时间5分钟)。

中国　北京　　　　　　　　　　　　XXXX/XXXXXX　　编制

# 一、听　力

## 第 一 部 分

第1-20题：请选出正确答案。

1. A 办公室
   B 博物馆
   C 植物园
   D 花店

2. A 中病毒了
   B 质量很差
   C 空间不足
   D 被删掉了

3. A 不感兴趣
   B 要准备考试
   C 要写报告
   D 想休息

4. A 手感不错
   B 有点儿厚
   C 样式不错
   D 颜色鲜艳

5. A 与人沟通
   B 适应环境
   C 野外生存
   D 独立生活

6. A 签证
   B 身份证
   C 推荐信
   D 发票

7. A 男的没精神
   B 女的输给了男的
   C 女的不爱下象棋
   D 女的是售货员

8. A 开会
   B 电话咨询
   C 修理电话
   D 交学费

9. A 没有胃口
   B 过敏了
   C 嗓子难受
   D 胃疼

10. A 是关于文化的
    B 非常幽默
    C 在体育频道播
    D 周六晚上播出

11. A 勇敢面对问题
    B 感谢家人
    C 征求别人意见
    D 放弃挑战

12. A 网上付款
    B 贷款
    C 短信提醒
    D 存款

13. A 会尽力帮忙
    B 对此地很陌生
    C 感到很抱歉
    D 没有多余时间

14. A 风景好看
    B 颜色鲜艳
    C 画面清晰
    D 表情自然

15. A 要当心身体
    B 不要悲观
    C 要坚持下去
    D 没有风险

16. A 就业率最高
    B 环境优美
    C 在全国最好
    D 宿舍条件最好

17. A 不想去钓鱼
    B 要现在出发
    C 不想吃海鲜
    D 抱怨距离远

18. A 月底
    B 春节前
    C 实习开始前
    D 明年年初

19. A 丝毫不担心
    B 很得意
    C 感到自豪
    D 十分紧张

20. A 图书馆下午闭馆
    B 女的下午有课
    C 男的想学历史
    D 讲座没有趣

# 第二部分

第21-45题：请选出正确答案。

21. A 男的很抱歉
    B 男的退休了
    C 男的汉语不错
    D 男的不想做兼职

22. A 着凉了
    B 晕倒了
    C 胃疼了
    D 喝醉了

23. A 照相机
    B 领带
    C 冰箱
    D 丝绸围巾

24. A 能源
    B 地震
    C 昆虫
    D 动物

25. A 汽车零件
    B 玻璃
    C 丝绸
    D 生活废品

26. A 女的骑摩托车回去
    B 男的想开车回家
    C 女的会开车
    D 男的买了往返票

27. A 休闲
    B 正装
    C 保暖
    D 流行

28. A 优盘已满
    B 密码忘了
    C 网速太慢
    D 鼠标出毛病了

29. A 测验多
    B 学习时间灵活
    C 能免费听讲
    D 学费高

30. A 得过长跑冠军
    B 现在是教练
    C 脚受伤了
    D 总是抱着胜利的想法

31. A 没有人欣赏他
    B 身体不舒服
    C 常上当受骗
    D 觉得自己太穷

32. A 支票
    B 黄金
    C 项链
    D 耳环

33. A 要珍惜财产
    B 要称赞别人
    C 要懂得满足
    D 理想应符合实际

34. A 甲的没有推荐人签名
    B 乙的有补充说明
    C 甲的指出了缺点
    D 乙的设计更细致

35. A 甲学历更高
    B 乙太骄傲
    C 甲更认真
    D 甲的资料更可信

36. A 主观性太强
    B 步骤错了
    C 结果不可靠
    D 求职者不是真实的

37. A 做扇子
    B 打铁
    C 做伞
    D 修水车

38. A 没有人用雨伞
    B 连下了几场大雨
    C 水库做好了
    D 不太实用

39. A 要相信自己的判断
    B 要学会挑战
    C 要遵守规律
    D 不能三心二意

40. A 节省空间
    B 效率高
    C 费用少
    D 场地灵活

41. A 鼓励员工闲谈
    B 做好笔记
    C 增加参会人数
    D 严格控制时间

42. A 人的血压降低
    B 人容易犯困
    C 灰尘增多
    D 光线变暗

43. A 怎样提高驾驶技术
    B 酒后开车的危害
    C 驾车较危险的时段
    D 情绪对驾车的影响

44. A 在追小偷
    B 想赶末班车
    C 着急去警察局
    D 要回去拿钥匙

45. A 担任队长
    B 以为那人是坏人
    C 没有驾照
    D 抓住小偷

# 二、阅 读

## 第 一 部 分

第46-60题：请选出正确答案。

46-48.

看篮球本来是充满乐趣的一件事，可是很多球迷却因熬夜看比赛，__46__ 睡眠不足、眼睛疲劳和饮食不规律。而且，随着赛况的不断变化，球迷们的情绪也会起伏不定，易造成心理上的不适。因此，我们要学做一个健康的球迷：最好不要连续看几场比赛，尽量不要熬夜；尽量抽空儿闭目养神，以 __47__ 眼部疲劳；不要因看比赛而打乱正常的饮食习惯。__48__ ，我们还应该以平和的心态去看待比赛的输赢，不要过度沉浸于球队的成败之中。

46. A 导致　　　　B 反映　　　　C 促进　　　　D 抱怨
47. A 吸收　　　　B 缓解　　　　C 取消　　　　D 诊断
48. A 何况　　　　B 除非　　　　C 此外　　　　D 因此

49-52.

春秋时期，宋国有一个富人。一天一场大雨把他家的一面墙淋坏了。儿子跟他说："快把墙修好吧， 49 会有人来家里偷东西的。"隔壁的老人也这么劝他，但富人觉得不要紧，就没有去修。结果当天晚上， 50 。富人因此觉得儿子很聪明，能预想到可能会发生的事，但他怀疑隔壁那个老人就是小偷。儿子和邻居说的话明明是一样的，只是因为亲疏有别，富人对他们的态度就完全 51 。可见，我们对事情的 52 ，有时会受个人感情的左右。

49. A 因而　　　　B 即使　　　　C 不然　　　　D 与其

50. A 果然丢失了很多东西
　　B 屋子又开始漏水
　　C 儿子一整晚都没睡着
　　D 邻居们都来敲门

51. A 固定　　　　B 相反　　　　C 乐观　　　　D 相关

52. A 感动　　　　B 判断　　　　C 促使　　　　D 计算

53-56.

　　街上有两家相邻的——"牛记"和"李记",它们各有8个座位,生意都很红火。不到半年就李记又开了家分店,而牛记却无力__53__。这是为什么呢?

　　原来,刚煮好的面很__54__,顾客只能慢慢吃,平均每位顾客要15分钟才能吃完一碗面。牛记一直这样经营,但李记店主在听到客人抱怨吃面太花时间后,就__55__做了些改变:把面端给顾客前,先在冰水中放30秒,这样顾客吃起来温度刚好,__56__。因此,李记每小时的客容量就比牛记大了许多。

　　一样的经营条件和环境,在细微之处动一下脑筋,便会得到不同的结果。

53.　A 配合　　　　B 制定　　　　C 扩大　　　　D 缩小
54.　A 烫　　　　　B 软　　　　　C 深　　　　　D 嫩
55.　A 照常　　　　B 再三　　　　C 稍微　　　　D 其实
56.　A 体重反而增加了
　　　B 口味也不如从前了
　　　C 怪不得人越来越多
　　　D 速度自然加快了

57-60.

从前有一个小伙子，他见什么学什么，但学一样丢一样， 57 没有学会任何东西。后来，他竟然怀疑自己走路的姿势有问题。他听说邯郸人走路姿势很美，便去那里学习。

一开始，他整天站在街头， 58 ，再模仿他们，可总觉得不像，他想最好忘记自己从前走路的方法，这样才能专心学习。但即便如此，他仍然觉得自己没学到位。没多久，钱花光了，他才想起回家，可这时他已经不知道该 59 走路，只好爬回家去了。

后来人们就用"邯郸学步"来比喻一些人一味模仿，不仅没有学到别人的长处，反而 60 了自身的特色。

57. A 迟早　　　B 始终　　　C 及时　　　D 连忙
58. A 思考自己的前途
　　B 看了各种各样的造型
　　C 研究每个人走路的姿态
　　D 热情地向路人问自己的姿势
59. A 如何　　　B 各自　　　C 任何　　　D 其余
60. A 消失　　　B 消除　　　C 耽误　　　D 失去

# 第 二 部 分

第61-70题：请选出与试题内容一致的一项。

61. 教育家指出，让孩子做家务可以锻炼孩子的动作技能，促进其认知能力的发展，增强他们的责任感。家长让孩子在家庭中负起责任很重要，而最好的方式就是让他们承担一部分家务。

    A 让孩子做家务很有必要
    B 家长要耐心教育孩子
    C 孩子很会办事
    D 家长要学会称赞孩子

62. 使用电子优惠券，已成为很多年轻人的消费习惯。相对于纸质优惠券，电子优惠券的优点很明显，不但成本低，商家还可以根据用户下载优惠券的情况，分析消费者的消费习惯和兴趣，更准确地把握其需求。

    A 电子优惠券不方便
    B 优惠券的使用期限很短
    C 电子优惠券越来越流行
    D 下载电子优惠券有一定风险

63. 有效的沟通不仅要有良好的口才，还要善于倾听。只有听懂对方的意思，才能更好地理解别人，因而进行更有效的沟通。同时具备这两种能力，我们就可以在公众场合自如地与人沟通交流。

    A 要重视表达能力
    B 沟通需要好口才和理解能力
    C 知识越丰富表达能力越好
    D 要懂得自己

64. 世界气象组织将每年的3月23日确定为世界气象日，并且每年都会选定一个主题。2014年世界气象日的主题是"天气和气候：青年人的参与"，旨在鼓励青年人关注全球气候变化，并积极参与环保活动。

    A 全球气候条件会越来越好
    B 世界气象日每年都有一个主题
    C 气候变化对老年人的影响更大
    D 世界气象组织都是年轻工作人员

65. 最近研究表明，并非所有的感冒均需服药。普通感冒不需要吃药，多喝水、多休息就可以了。但对于流行性感冒或由其他细菌感染引起的感冒，还是应该及时就医，避免病情加重。

    A 发烧是感冒的主要症状
    B 生病了要及时治疗
    C 感冒很容易发炎
    D 普通感冒无需吃药

66. 正如每个人都有自己的习惯一样，每个地方也都有自己独特的风俗，因此外出旅游时，每到一处，我们都应该"入乡随俗"，遵守当地的风俗习惯。这样不仅能表示对当地人的尊重，也有利于我们了解当地的民风民俗，或许还能从中得到意想不到的收获。

    A 出门旅行要考虑周到
    B 不要离开家乡
    C "入乡随俗"具有全面性
    D 旅行中要尊重当地的风俗

67. 毛遂是赵国平原君的手下，但一直没得到重用。后来，秦国攻打赵国时，他主动向平原君推荐自己，请求与他一同前去楚国求救。到了楚国，毛遂又挺身而出，说服了楚王，为赵国搬来救兵，立下了大功。后来人们就用成语"毛遂自荐"比喻自告奋勇，自己推荐自己担任某项工作。

    A 毛遂对国家的贡献很大
    B 平原君始终不信任毛遂
    C 乐观的态度使毛遂取得了成功
    D 毛遂曾经在楚国生活过

68. 《朝花夕拾》出版于1928年，是著名思想家，文学家鲁迅写的一部回忆性散文集。作者以优美的语言、深沉而热烈的感情回忆了自己童年、少年和青年时期的生活片段，从侧面描绘了中国当时的社会景象，体现了作者对人生和社会变革的思考。

    A 《朝花夕拾》是短篇小说
    B 《朝花夕拾》反映了当时的社会状况
    C 《朝花夕拾》的语言非常难懂
    D 《朝花夕拾》是鲁迅的第一部作品

69. 老师问："一滴水怎样才能不干？"学生回答不上来。老师说道："一滴水，风可以将它吹干，太阳可以让它蒸发。要想生存，只有融入大海。一个人就如一滴水，要想取得成功，就要学会与人合作，就要融入集体。"这就是我们常说的"再强大的个人都不如一个团结的集体。"

    A 要善于发挥自身优势
    B 要懂得与人合作
    C 不要轻视个人力量
    D 性格是成功的关键

70. 夏季气温高，人体消耗的水分比其他季节要多，需要及时补充。此时我们可以多吃一些瓜类蔬菜或水果，如冬瓜、黄瓜、南瓜和甜瓜等。这些瓜类蔬果的共同特征是含水量都在90%以上，同时，它们还有降低血压、保护血管等作用。

A  夏季人的血压容易降低
B  要注意营养均衡
C  瓜类蔬果成熟期长
D  夏季应多吃含水量大的蔬果

# 第 三 部 分

第71-90题：请选出正确答案。

71-74.

有个小男孩儿，一次不小心踩到香蕉皮滑倒了，摔得浑身是泥。多年后，他成了一名研究机械润滑原理的工程师。一天，他在研究润滑油时，突然想起了小时候摔的那一跤，脑子里顿时冒出了一个问题：香蕉皮为什么那么滑呢？

于是，他开始认真研究香蕉皮。透过显微镜，他发现香蕉皮是由几百个薄层构成的，薄层之间能够相对滑动，摩擦力很小。正是这种结构使香蕉皮十分地滑。

由此他想到，如果将这种结构原理运用到工业润滑方面，一定能解决很多难题。从那天以后，他刻苦钻研，经过无数次实验，终于发明了二硫化钼润滑脂。这种润滑脂问世不久，便在工业上得到了广泛应用，被誉为"润滑之王"。他将这项发明申请了专利，获得了巨额财富。

走路摔跤本是寻常事，可是有心人却能从中发现问题，并成就一番事业。留心生活中的小事，做个善于发现问题的人，你的世界也许会变得更加完美。

71. 那个小男孩：
   A 运气一直很好
   B 后来当了工程师
   C 没想到这次试验彻底失败了
   D 非常调皮

72. 根据第2段，可以知道香蕉皮：
   A 表面粗糙
   B 由许多薄层构成
   C 常被用于制造润滑剂
   D 结构容易被破坏

73. 关于那项发明，下列哪项正确？

    A 应用很广              B 引起了技术革命
    C 会污染环境            D 成本较高

74. 上文主要想告诉我们：

    A 具体问题具体分析
    B 要留心发现问题
    C 要善于利用各种资源
    D 看问题要全面

75-78.

　　有位有名的喜剧明星在从艺初期，常因自己的演技平平而愁得吃不下饭。当时他参加了一个电视剧的演出，剧组有位老喜剧演员表演非常传神，深受观众喜爱。可是，无论他怎么努力，就是演不出人家那么好的效果。这让他十分困惑："自己到底是哪里做得不够呢？"

　　一天，他和剧组的同事在一家饭店吃饭。老板非常幽默，一边给他们上菜，一边逗他们发笑，大家都笑得直不起腰来。这时，他突然发现那位老喜剧演员正目不转睛地看着老板，观察老板的一言一行。等老板走后，老演员又悄悄地模仿起老板刚才那几个生动有趣的动作。看到这儿，他忽然明白了，老演员之所以演得那么好，是因为善于从生活中积累表演素材，而来自生活的，才是最具有感染力的。

　　从那以后，他也开始留意生活中有趣的表演素材，并将其和自己的性格融合在一起，逐渐形成了独具特色的表演风格。不久后，他就成为了家喻户晓的喜剧明星。

75. 他刚开始为什么会发愁？

　　A 没有舞台经验
　　B 演技不够好
　　C 记不住台词
　　D 与同事相处得不好

76. 第2段中画线词语"目不转睛"形容老演员：

　　A 观察仔细　　　　　　B 非常谨慎
　　C 配合得很好　　　　　D 很尊敬那位老戏剧演员

77. 那位老演员在饭店是怎么做的？

　　A 向老板请教厨艺
　　B 模仿老板的动作
　　C 请顾客当裁判
　　D 表演了老板的动作

78. 从饭店回来后，他开始：
    A  思考人生价值
    B  研究电影作品
    C  到处演出
    D  从生活中学表演

79-82.

　　钥匙，家家都有，再平常不过了。然而，有人竟收集了古今中外约两万把钥匙，还建了个人收藏馆——金钥匙博物馆。这个人就是上海钥匙收藏家赵金志。

　　赵金志从小就与钥匙结下了不解之缘。那时父亲做小生意，收来许多废铜烂铁。他一旦从中发现形态奇特的钥匙，便如获至宝。而且，只要知道哪里有值得收藏的钥匙，他都会<u>千方百计</u>找回来。一次，他得知广东某地有一把"放大镜钥匙"。当时正值台风季节，交通不便，可他还是风雨兼程赶到广东，最终得到了那把钥匙。

　　经过近半个世纪的搜集，赵金志已拥有150多个国家和地区的1200多种钥匙，总数近两万把。这些钥匙质地各异，包括金、银、铜、铁和玛瑙等多种材质。1997年，金钥匙博物馆新馆落成，不足30平方米的展室内陈列了赵金志多年来倾其心血收藏的珍奇钥匙。

　　在这些藏品中，有多项世界之最。比如世界上最小的钥匙，它雕刻在一根头发丝上，只有凭借显微镜将其放大100多倍才能看清楚；再比如唐代钥匙"锁寒窗"，因其造型酷似古代的窗格而得名，是中国现存最早的钥匙。这些珍贵的藏品无不令人惊奇。

79. 第2段画线词语"千方百计"最可能是什么意思？
A 计算能力非常强
B 想尽一切办法
C 打听消息
D 态度诚恳

80. 第3段主要谈的是：
A 赵金志的钥匙收藏情况
B 金钥匙博物馆的建成过程
C 钥匙的各种功能
D 钥匙的制作工艺

81. 关于"世界上最小的钥匙",下列哪项正确?
   A 只凭肉眼无法看清
   B 做工比较粗糙
   C 被折断了
   D 已经失传

82. 根据上文,可以知道:
   A 赵金志只收藏中国钥匙
   B 家人不同意赵金志搞收藏
   C "锁寒窗"得名于形状
   D 金钥匙博物馆规模很大

83-86.

某公司新建了一个商场，并打算将楼里30多个黄金铺位一一拍卖。

9点半，最好的铺位首先开始拍卖，起价是30万元。拍卖师话音刚落，一位中年人便举手叫价："80万！"顿时，整个拍卖现场鸦雀无声，大家都吃惊地看着这位中年人，拍卖师在拍卖席上大声喊："有没有超过80万的？80万第一次！80万第二次！好，成交！"就这样，最好的铺位被中年人拍走了。

第二个摊位稍微逊色些，但起价也是30万。这时，拍卖现场的气氛变得火热起来。拍卖师一说出价格，便有人举手示意40万，有人高喊50万，竞争相当激烈。最后，它以100万的价格成交。

才一个上午，30多个铺位就被拍卖一空，最差的铺位也拍出了35万元。有心人不难发现，整场拍卖会，第一个竞拍者其实是最大的赢家。

后来，这位竞拍者说："凭我的经验，如果按常规方式竞拍，这个铺位最后一定会超过100万。拍卖场如战场，稍有迟疑，就会错失良机。所以拍卖师一出价，我就直接把价格抛到了自己的理想价位上，让其他人措手不及。当时我心里也很紧张，怕有人继续抬价，幸好他们都还没做好思想准备，我这才成功拿下了这个铺位。"

83. 中年人出价后，其他竞拍者：

    A 纷纷退场　　　　　　　B 很吃惊

    C 都想拦住他　　　　　　D 很无奈

84. 关于第二个铺位，下列哪项正确？

    A 最后拍到了100万元

    B 起价比第一个高

    C 地理位置最好

    D 还没装修

85. 根据最后一段，可以知道：
    A 中年人缺乏拍卖经验
    B 目标不要定得太高
    C 把握机会很重要
    D 中年人十分后悔

86. 最适合做上文标题的是：
    A 拍卖场上的智慧
    B 狡猾的拍卖公司
    C 拍卖师的一天
    D 黄金铺位的秘密

87-90.

　　明代医药学家李时珍,早在青年时期就已远近闻名了。一天傍晚,他外出看病回来,刚要休息,渔民老庞匆匆跑来请他去救妻子一命。李时珍不顾劳累,马上背起药箱赶到庞家。原来老庞的妻子早上感到不舒服,老庞就找医生开了个药方,又到药铺抓了药,不料妻子服药后,却躺在床上不省人事了。

　　李时珍看了药方,觉得没问题。他又让老庞取来药罐,拿着药方一一核对煮过的草药。突然,他发现药中并没有方子上开的"漏篮子",却多了一种叫"虎掌"的药,而虎掌有剧毒,吃了必然会出事。

　　听说是药铺配错了药,老庞气得要去找药铺老板算账。李时珍拉住他,劝道:"这件事不能全怪药铺,因为医书《日华本草》上说'漏篮子又名虎掌',他们大概是因为这样才抓错了药。"

　　这件事给李时珍的触动很大,他已经多次发现草药书中的错误,也听说过医生或药铺因依照书中的错误记载抓药而致人丧命的事情。这天晚上,他翻来覆去睡不着,想到旧"本草"已几百年没修订了,再继续用下去,不知道还会有多少这样的事情发生。于是,他立誓要重修旧"本草",纠正古代医书中的各种错误,补充民间现存的医学精华,造福后人。经过27年的不断努力,他终于编写完成了药学巨著——《本草纲目》。

87. 李时珍是怎样发现药有问题的?

　　A 亲自尝一尝
　　B 询问其他大夫
　　C 检查煮过的草药
　　D 翻看医书

88. 李时珍为什么说责任不全在药铺?

　　A 老庞煮药的方法好
　　B 老庞的妻子对草药过敏
　　C 医生开的药量太大
　　D 药铺可能受医书的误导

89. 第4段中画线句子说明李时珍：

    A 为自己的未来担心

    B 怀疑自己医术不精

    C 心情很不平静

    D 经常开夜车

90. 上文主要讲的是：

    A 李时珍学医的理由

    B 《本草纲目》的由来

    C 李时珍年轻时的小事

    D 草药学产生的背景

# 三、书 写

## 第 一 部 分

第91-98题：完成句子。

例如： 发表    这篇论文    什么时候    是    的

这篇论文是什么时候发表的？

91. 安排    顺序    把    我    好了

92. 我现在    答案    不能    给你明确的

93. 研究    理论    进行了    他对这项

94. 很    特色小吃    独特    当地的

95. 方案    被总经理    这项    否定了

96. 大家    积极心态    很佩服    他的    让

97. 运动设施    新增了    我们健身房里    许多

98. 中国传统建筑    为主    木材    以

# 第 二 部 分

第 99-100 题：写短文。

99. 请结合下列词语（要全部使用），写一篇80字左右的短文。

   家乡、离开、偶尔、熟悉、想念

100. 请结合这张图片写一篇80字左右的短文。

新HSK
끝짱 5급
모의고사

新汉语水平考试

# 실전 모의고사 제2회

# 新汉语水平考试
# HSK(五级)
# 全真模拟题 2

注 意

一、HSK（五级）分三部分：

　　1．听力(45题，约30分钟)

　　2．阅读(45题，45分钟)

　　3．书写(10题，40分钟)

二、听力结束后，有5分钟填写答题卡。

三、全部考试约125分钟(含考生填写个人信息时间5分钟)。

中国　北京　　　　　　　　　　XXXX/XXXXXX　　编制

# 一、听 力

## 第 一 部 分

第1-20题：请选出正确答案。

1. A 有雷阵雨
   B 持续晴天
   C 降温
   D 有大雾

2. A 没逻辑性
   B 观点鲜明
   C 语言优美
   D 内容真实

3. A 引进了人才
   B 生产效率降低了
   C 原材料价格下降了
   D 更新了管理制度

4. A 舅舅
   B 姑姑
   C 外婆
   D 外公

5. A 象棋
   B 西装
   C 数码相机
   D 玩具车

6. A 新产品开发
   B 宣传
   C 咨询
   D 售后服务

7. A 他们在钓鱼
   B 雾气很美
   C 村庄在山顶上
   D 男的在讲神话故事

8. A 电脑中病毒了
   B 鼠标坏了
   C 女的误删了文件
   D 男的没找到软件

9. A 招待客人
   B 参加夏令营活动
   C 参加婚礼
   D 签订合同

10. A 项目没通过
    B 被经理批评了
    C 没被录取了
    D 失业了

11. A 保暖效果不错
    B 是进口的
    C 非常柔软
    D 是手工制作的

12. A 绿色食品
    B 新能源
    C 疾病防治
    D 环境污染

13. A 是业余选手
    B 担任裁判
    C 不懂比赛规则
    D 是个球迷

14. A 厨房的墙面
    B 客厅的大小
    C 阳台的门
    D 卧室的窗帘

15. A 调整坐姿
    B 少熬夜
    C 多吃蔬菜
    D 加强锻炼

16. A 没地方晒衣服
    B 空气湿润
    C 护肤品太贵
    D 生活舒适

17. A 改变字体
    B 下载电子书
    C 上传电影
    D 制作字幕

18. A 不要慌张
    B 别太节省
    C 当心着凉
    D 台阶很滑

19. A 停电了
    B 电池没安好
    C 插座坏了
    D 充电器没插好

20. A 有相关经验
    B 有美术功底
    C 演讲水平高
    D 普通话好

# 第 二 部 分

第21-45题：请选出正确答案。

21. A 配套设施完善
    B 交通方便
    C 租金贵
    D 面积很大

22. A 很高档
    B 像真的
    C 很结实
    D 很鲜艳

23. A 键盘坏了
    B 密码忘了
    C 网速太慢
    D 硬盘已满

24. A 民间传说
    B 婚礼风俗
    C 饮食习惯
    D 家乡特产

25. A 乐器店
    B 操场
    C 维修店
    D 幼儿园

26. A 换公寓了
    B 退休了
    C 是地理老师
    D 没做完手术

27. A 市场推广需要
    B 是顾客要求的
    C 想挑战自己
    D 不愿追随时尚

28. A 宠物托运
    B 包裹邮寄
    C 航班信息
    D 网络购票

29. A 看急诊
    B 预订座位
    C 组织聚会
    D 开发票

30. A 再打电话催一下
    B 让物业赔偿
    C 自己试着修
    D 损失太大

31. A 伸手打桌子
    B 批评孩子
    C 搬走桌子
    D 看孩子是否受伤

32. A 劝告孩子要坚强
    B 给孩子讲故事
    C 让孩子把桌子擦干净
    D 帮孩子分析原因

33. A 乐观面对困难
    B 勇敢地承担责任
    C 独立思考
    D 虚心学习

34. A 面对困境有什么要求
    B 如何看待加班
    C 有无工作经历
    D 怎样处理与同事的关系

35. A 公司应多为员工着想
    B 公司利益就是自己利益
    C 员工必须有自尊心
    D 诚信是企业的生命

36. A 能承受压力
    B 为人大方
    C 具有创新精神
    D 懂得从自身找原因

37. A 很挑剔
    B 特别懒
    C 喜欢潮湿的环境
    D 尾巴很漂亮

38. A 天气转暖时
    B 刮大风时
    C 暴雨天
    D 雾天

39. A 做选择时要谨慎
    B 要赞美别人
    C 不要过于关注优点
    D 不要轻视他人

40. A 便于闲聊
    B 方便查找资料
    C 注意力容易集中
    D 环境舒适

41. A 效率更高
    B 感到不安
    C 变得骄傲
    D 更爱思考

42. A 每队须有一名女性
    B 年龄不得超过30岁
    C 球技要好
    D 须穿新衣服

43. A 输赢偶然性强
    B 允许违规
    C 规则简单
    D 已经推广了

44. A 那些画儿很便宜
    B 许多人要买画家的画儿
    C 画家得过大奖
    D 画家的水平很高

45. A 画风变了
    B 出名了
    C 开始谦虚了
    D 比以前更认真了

# 二、阅 读

## 第 一 部 分

第46-60题：请选出正确答案。

46-48.

　　从前，某地红薯很贵，有个人因为种了许多红薯而大赚了一笔。那些没种红薯的人很是后悔，他们暗下__46__，第二年一定要改种红薯。可是，由于第二年种红薯的人太多，大家都__47__惨重。但是第一年种红薯的那个人却赚了很多钱。原来，他料到第二年会有很多人种红薯，于是他就专门卖红薯秧苗给别人。

　　人与人的不同就在于此，有的人只能看到眼前__48__，人云亦云；有的人却能把眼光放得长远，把握先机。

| | | | | |
|---|---|---|---|---|
| 46. | A 决心 | B 信心 | C 感觉 | D 梦想 |
| 47. | A 受伤 | B 伤害 | C 损失 | D 威胁 |
| 48. | A 用途 | B 待遇 | C 利益 | D 权力 |

49-52.

有位少年向陶渊明请教读书的方法，希望自己也能 __49__ 像他那样家喻户晓的大诗人。

陶渊明带着少年来到稻田间，指着一颗秧苗说："你仔细看，它是不是在长高？"少年蹲在秧苗旁仔细 __50__ ，过了好半天也不见秧苗往上长，就对陶渊明说："它没长高啊。"

陶渊明问："真的没长吗？那矮小的幼苗是怎么长到现在这么高的呢？"

少年低头不语，陶渊明进一步引导说："其实，它 __51__ 都在生长，只是我们看不到而已。读书也是一样， __52__ ，并不容易察觉到，但只要勤学不辍，就会积少成多。"

49. A 成为　　B 参考　　C 沟通　　D 考虑
50. A 搜索　　B 彻底　　C 模仿　　D 观察
51. A 曾经　　B 反复　　C 已经　　D 时刻
52. A 知识是慢慢积累的
    B 肯定要结合实践
    C 急于速成是不可取的
    D 不免会遇到困难

53-56.

　　熊猫的学名其实是"猫熊"，意思是"像猫一样的熊"，也就是说它 _53_ 上类似于熊，而外貌却像猫。严格地说，"熊猫"是一种错误的称呼。那么这一错误的称呼是怎么来的呢？原来，早年间重庆市北碚博物馆 _54_ 展出过"猫熊"的标本，它的说明牌自左向右横写着"猫熊"两个字。可是，当时报刊的横标题都是自右向左认读的，所以记者们便在 _55_ 中把"猫熊"误写成了"熊猫"。

　　这一称呼经媒体广泛传播后，被人们熟知。人们说惯了，也就很难再纠正过来了。于是， _56_ ，称"猫熊"为"熊猫"了。

53. A 本质　　　　B 规范　　　　C 规则　　　　D 趋势
54. A 迟早　　　　B 照常　　　　C 如果　　　　D 曾经
55. A 预报　　　　B 报道　　　　C 辅导　　　　D 报到
56. A 记者们十分惊慌
　　 B 大家就将错就错
　　 C 人们就改正过来
　　 D 动物学家不愿承认自己错了

57-60.

　　心理学研究表明，对自己说一些暗示性的话语，有利于更好地完成任务。不同的任务，可能需要不同的暗示语。对一些要求精细操作的任务，应用比较 57 的暗示语，比如打高尔夫球时，可以告诉自己"手抬高一点儿""放慢一些"等；而对于那些要求有耐力和韧性的任务，如长跑、竞走等，说一些积极性的暗示语，效果会更好，如对自己说" 58 ""我一定能做到的"等。

　　专家指出，语言暗示其实是一种"自我话疗"，它可以帮助人们 59 心态，让人更自信、注意力更集中，从而激发出人的潜能，当你心情不好或工作 60 不高时，不妨也试着对自己说几句话吧。

57. A 彻底　　　B 具体　　　C 个别　　　D 被动
58. A 要是输了怎么办　　　B 这段路太难了
　　C 别再勉强自己了　　　D 再坚持一下就赢了
59. A 训练　　　B 调整　　　C 看病　　　D 诊断
60. A 步骤　　　B 性质　　　C 效率　　　D 程度

## 第 二 部 分

第61-70题：请选出与试题内容一致的一项。

61. 不少人都喜欢喝下午茶，下午茶对补充人体能量大有好处。随着现代社会生活节奏加快，上班族的午餐经常吃得太少或者过于仓促，而一份营养均衡的下午茶，不但能赶走瞌睡，还有助于恢复体力。

    A 喝下午茶会加重消化负担
    B 午餐要注意营养均衡
    C 喝下午茶有助于补充能量
    D 中午不宜吃得过饱

62. 人生像一杯咖啡一样，苦中带着甜，甜中透着苦。糖是甜的，咖啡是苦的，这是无法改变的，但是我们可以通过改变它们的用量，来调好我们的"人生咖啡"，让它散发出属于自己的味道。

    A 要学会缓解自己的压力
    B 喝咖啡有助于提神
    C 很容易做出改变
    D 要把握好自己的人生

63. 人与人之间的关系就像花朵，不悉心照顾就会慢慢枯萎。与朋友保持长久关系的基本原则，就是不要失去联络。有时候，超过半年不与某个朋友联系，就有可能失去这段友谊。同时要谨记，不要等到需要帮助时才想起朋友。

    A 养花有很多讲究
    B 要与朋友保持联系
    C 跟朋友相处要诚恳坦率
    D 要尽量帮助身边的朋友

64. 活字印刷术是宋朝一个叫毕昇的普通老百姓发明的。这一发明用可以移动的胶泥字块儿代替传统的手工抄写，大大地节省了人们的时间和精力，为知识和文化的传播与交流创造了条件，称得上是人类历史上最伟大的发明之一。

   A 活字印刷术已经失传
   B 活字印刷术成本较高
   C 活字印刷术提高了印刷效率
   D 活字印刷术是现代最伟大的发明

65. 俗话说："送人玫瑰，手留余香。"在帮助别人的过程中，我们可以从精神上获得收获，如境界的提升、心态的改善、助人的快乐等等。这些收获虽然不那么"实惠"，却能让我们长期甚至终身受益，而这是金钱买不来的。

   A 帮助别人能使自己获益
   B 付出不见得有收获
   C 物质是精神的基础
   D 良好的人际关系非常重要

66. "中国历史文化名街"评选推介活动日前已连续举办5届，活动参照历史要素、文化要素、保存状况、经济文化活力、社会知名度、保护与管理这6大标准，已先后评选出50条历史文化名街和街区，有力地提升了社会对历史文化街区保护的关注程度。

   A 保护状况是评选的首要标准
   B 该活动主要宣传胡同文化
   C 该活动有利于保护历史文化名街
   D 参选的文化街均有50多年的历史

67. 长江江豚是全球唯一的江豚淡水品种，主要分布于长江中下游及附近湖区。它们已经在地球上生存了2500万年，被称作"长江生态的活化石"和"水中大熊猫"。长江江豚是目前长江仅存的大型哺乳类动物，现仅剩1000多头。保护长江江豚，已经刻不容缓。

   A 长江江豚是种很古老的动物
   B 长江江豚目前严重缺少食物
   C 长江江豚无法在浅水中生活
   D 长江江豚外形与大熊猫很像

68. 《白鹿原》是中国著名作家陈忠实的代表作。这部近50万字的长篇小说以陕西关中平原上的白鹿村为背景，细致地讲述了白、鹿两大家族之间发生的故事。全书有着厚重的史诗风格和真实感，自出版以来，深受读者的赞赏和欢迎，还曾多次被改编成电影、话剧等。

   A 《白鹿原》是短篇小说
   B 《白鹿原》是陈忠实的最后一部作品
   C 《白鹿原》受到了广泛好评
   D 《白鹿原》描写了长江两岸人民的生活

69. 做事太在乎别人的评价，只会让自己放不开手脚，犹豫不决，最终失去个性，失去自我。很多时候，相信并坚持自己的选择，才是我们正确的道路。所以，别人怎么看并不重要，重要的是做真实的自己，做自己认为正确的事。

   A 要积极乐观
   B 要坚持自己的选择
   C 要善于听取他人意见
   D 要勇于承认自己的错误

70. 词，是诗的一种别体。宋代时，词的创作进入繁荣阶段，出现了大批成就突出的词人，并形成了各种风格、流派，名篇佳作很多，《全宋词》共收录词作近两万首。后人认为词代表了宋代文学的最高成就，将它与唐代诗歌并列，因此有"唐诗宋词"的说法。

A 宋词的派别比较单一
B 唐诗不如宋词影响大
C 宋代是词的繁荣时期
D 宋词流传下来的极少

# 第 三 部 分

第71-90题：请选出正确答案。

71-74.

他从小兴趣就特别广泛。

他乐感很好，在一次学校的新年音乐会上，他和同学们表演的小提琴二重奏很受欢迎。朋友们都说，要是他专攻小提琴，一定会成为一名出色的小提琴手。

他还是全校的游泳冠军，曾作为运动员代表参加了西南地区的游泳比赛，并获得了第三名。队友们说，如果他接受专业的体育训练，也许能站在高高的领奖台，赢得鲜花和掌声。

从农学院毕业后，他带着青春朝气进了一所学校，走上了讲台。学生们说，他讲课生动、透彻，听他的课是种享受，他将来肯定是一位桃李满天下的优秀老师。

这时他却开始犹豫了，不知道自己今后努力的方向到底在哪儿。直到有一天，他看见一位果农拿着剪刀，将一串串小花连着枝条一块儿剪掉。他不解地问："为什么把这些花都剪掉？多可惜呀！""花长得太密，是很难结果的。"果农的话一下子点醒了他：花太密了难结果，人生的目标太多了，同样难以实现啊！

从此，他立志做个伟大的农民，并将如何提高水稻产量作为自己的研究课题。他就是世界"杂交水稻之父"、首届中国国家最高科学技术奖获得者——袁隆平。

71. 关于他，下列哪项正确？
   A 爱好很多           B 很自豪
   C 好奇心一直很强      D 最后成了小提琴手

72. 学生们觉得他：
   A 很单纯             B 喜欢提问
   C 善于交际           D 讲课生动

73. 根据第5段，他为什么会犹豫：
    A 取得了研究成果
    B 人生目标不明确
    C 自己的想法被否定了
    D 被取消参赛资格了

74. 上文主要想告诉我们：
    A 要勇于承担责任
    B 兴趣是从小培养
    C 专注才能成功
    D 机会无处不在

75-78.

　　小镇南面有一片光秃秃的荒山。一个农夫赶着羊群路过这里，他想：如果把这片荒山全种上橡树，那该多好啊！经过再三考虑，他决定付诸行动，把这个想法变成现实。
　　但是，他却遭到了家人的强烈反对。妻子说："你知道那片荒山多大吗？起码有6000亩！就凭你一个人，恐怕好几辈子都种不完。"他却说："只要我坚持去做，总有一天会种完的。"
　　见他如此执着，家人也就不再阻拦了。从26岁开始，他就一边牧羊，一边实施着自己的<u>伟大计划</u>。每天出门前，他都会带上100粒橡树种子，到了山上，他先将羊群安顿好，然后把这些种子一粒一粒地种下去、浇水、施肥……
　　就这样，日复一日，一晃30年过去了，曾经的荒山如今已变成了一片绿色的海洋。
　　很多人看来完全不可能完成的事，他却做到了。很多时候，我们会被一些看似艰巨的任务吓倒，不敢动手一试。其实，成功的秘诀很简单，就是勇敢地迈出第一步，然后每天都完成一个小目标，并长久地坚持下去。

75. 家人之所以反对，是因为担心他：
　　A 伤害自尊心　　　　B 无法单独完成
　　C 遭人议论　　　　　D 浪费钱和精力

76. 第3段中画线词语"伟大计划"指的是：
　　A 在荒山上种满树
　　B 推广自己的种树经验
　　C 把荒山变成农场
　　D 凭种树致富

77. 根据上文，他是怎样获得成功的？
    A 追求细节的完美
    B 引进了先进设备
    C 全镇村民一起做
    D 每天完成一个小目标

78. 最适合做上文标题的是：
    A 大自然的魅力　　　　B 农夫的梦想
    C 农夫的命运　　　　　D 一粒神奇的种子

79-82.

去年夏天,家里来了一个会制作笛子的木匠,在我家干了半个月的活儿。一天,我到山上砍了根竹子,请他帮我做一支笛子。他苦笑道:"不是每根竹子都能做成笛子的。"我觉得他是在骗我,我找的那根竹子粗细适宜,厚薄均匀,质感光滑,竹节也不明显,是我千挑万选才相中的,为什么不能做成笛子呢?

他解释说:"这是今年的竹子,就算做成了笛子,也经不起吹奏。"我更加困惑了:今年的竹子怎么了?难道非要放旧了再拿来做?东西不就是越新鲜越好吗?他看出了我的困惑,接着讲道:"你不知道,凡是用来做笛子的竹子都需要经历寒冬。因为竹子在春夏长得太散漫,只有到了冬天,气温骤冷,天天'风刀霜剑严相逼',它的质地才会改变,做成笛子吹起来才不会走调。而当年生的竹子,没有经过霜冻雪侵,虽然看起来长得不错,可是用来制作笛子的话,不但音色会差许多,而且还会出现小裂痕,虫子也很喜欢蛀这样的竹子。"

其实,人生就好比是这根用来做笛子的竹子,只有历经了风霜雨雪、千锤百炼,才能奏出动人的曲子。

79. 作者请木匠帮什么忙?
   A 做笛子              B 种竹子
   C 教他吹笛子          D 辨别竹子的好坏

80. 作者为什么觉得木匠在骗他?
   A 他认为自己找的竹子很好
   B 木匠态度不好
   C 木匠技术太差
   D 他见木匠答应了别人的请求

81. 经历过寒冬的竹子:
    A 少有裂痕
    B 不够粗壮
    C 表面更光滑
    D 不适合做建筑材料

82. 上文主要想告诉我们什么?
    A 要把握机会
    B 苦难会使人成长
    C 不要轻易否定他人
    D 要保持乐观的心态

83-86.

明朝初年，政府直接从当时的最高学府——太学中选拔人才做官。为了能让他们尽快熟悉国家政务，政府要求这些太学生先抄写公文。

一天，明太祖朱元璋突然想去看看那些太学的高才生。这一看，却让他眉头紧锁。原来这些太学生自恃才高，根本没有把抄写公文放在眼里，只顾玩耍，公文抄得一塌糊涂。

看着那些被寄予厚望的太学生如此糟糕的工作状态，朱元璋十分不悦。他刚要发火，却忽然发现有一个人与众不同。那人一直埋头抄写，对身旁的一切听而不闻，视而不见。朱元璋很好奇，悄悄走过去，站在他背后观看。只见他写的字笔画方正，十分工整。朱元璋心里对他大为赞赏，便记住了这个年轻学子的名字。

三年的公文抄写期满，有关部门向皇帝请示，将这些太学生派往各部试用。朱元璋表示同意，然后在名单中勾选了一个人，说此人不必试用，可直接任命为户部四川司主，这个人就是夏原吉。

只被皇帝看了一眼，就实现了"鲤鱼跳龙门"的梦想，有人说夏原吉实在是太幸运了。其实并不尽然，夏原吉从小就养成了做事谨慎认真的好习惯，无论做什么，都一丝不苟，从不敷衍了事，这才是他后来仕途一路顺畅的真正原因。

83. 政府为什么让太学生抄写公文？
   A 减轻政府工作人员的压力
   B 希望他们提出有用的意见
   C 让他们熟悉国家事务
   D 提高他们的写作能力

84. 朱元璋看到那些太学生的工作状态时，感到：
   A 很生气            B 很不耐烦
   C 特别惭愧          D 很有耐心

85. 根据第4段，可以知道什么？
    A 太学生们都很能干
    B 夏原吉被吓了一跳
    C 老师推荐了夏原吉
    D 皇帝很欣赏夏原吉

86. 第5段中的"鲤鱼跳龙门"指的是：
    A 一夜暴富           B 获得了自由
    C 做了大官           D 提前毕业

87-90.

中国有句俗语叫"一寸光阴一寸金",意思是说时间贵如黄金,要好好儿珍惜。有人觉得这种说法很奇怪,时间怎么能讲尺寸呢?

其实,古人的确曾用"尺"测量过时间的长短,他们通过观察阳光下竹竿影子的长短来推算时间。但这个方法在晚上或者阴雨天就没办法测量了,所以渐渐就被淘汰了。后来,人们又发明了铜壶滴漏。铜壶滴漏一般由两个或两个以上的铜壶组成,安放在台阶或架子上,铜壶均有小孔滴水。人们在最上面的铜壶里盛满水,水从几个壶中依次滴下来,最后滴入最底层的水壶。这个水壶中间插着一支标有刻度的箭,这些刻度就代表一天一夜。箭随着水量的增加而逐渐上升,刻度就会一点点显示出来。人们就通过观测箭上显示的刻度来计算时间。"一刻千金""刻不容缓"的"刻"就是从这里来的。

现在我们是用钟表来计算时间,即把一天一夜分成24个小时,每小时分为60分钟,每分钟分为60秒,于是又有"争分夺秒""分秒必争"之类的说法。

87. 根据第1段,人们对什么感到奇怪?
   A 时间可以卖
   B 时间和黄金一样珍贵
   C 时间能用尺子量
   D 时差的存在

88. 用竹竿影子推算时间的缺点在于:
   A 一定要有阳光
   B 空气要湿润
   C 受地势影响较大
   D 测量不准确

89. 关于最底层的水壶，下列哪项正确？
    A  水流的速度越来越快
    B  水位会逐渐上升
    C  一壶水可以滴一个晚上
    D  箭上只有两个刻度

90. 上文主要介绍的是：
    A  计时方法
    B  怎样合理分配时间
    C  如何制作钟表
    D  俗语故事

# 三、书写

## 第一部分

第91-98题：完成句子。

> 例如： 发表　　这篇论文　　什么时候　　是　　的
>
> 这篇论文是什么时候发表的？

91. 把　　程序　　他　　安装　　好了

92. 在不断　　原材料的　　上涨　　价钱

93. 从　　辞职了　　那家　　他已经　　公司

94. 我　　实验报告的　　发愁　　正在为　　事情

95. 顾客的　　已经注册　　成功了　　账户

96. 表现　　得　　大方　　十分　　她

97. 门口　　有一个　　老师家　　小池塘

98. 又　　调整　　做了　　利率　　银行对

# 第 二 部 分

第 99-100 题：写短文。

99. 请结合下列词语(要全部使用)，写一篇80字左右的短文。

   兼职、用功、差距、坚持、满意

100. 请结合这张图片写一篇80字左右的短文。

# 新HSK 끝짱 모의고사 5급

## 新汉语水平考试

# 실전 모의고사 제3회

# 新汉语水平考试
# HSK(五级)
# 全真模拟题 3

注 意

一、HSK（五级）分三部分：

1. 听力(45题，约30分钟)

2. 阅读(45题，45分钟)

3. 书写(10题，40分钟)

二、听力结束后，有5分钟填写答题卡。

三、全部考试约125分钟(含考生填写个人信息时间5分钟)。

中国 北京　　　　　　　　　　XXXX/XXXXXX　　编制

# 一、听 力

## 第 一 部 分

第1-20题：请选出正确答案。

1. A 行李超重
   B 赶不上末班车
   C 航班延误
   D 网络不通

2. A 训练很刻苦
   B 有合作精神
   C 很有实力
   D 挺诚恳的

3. A 嘉宾不太多
   B 主持人没到
   C 会议室停电了
   D 设备出毛病了

4. A 最近着凉了
   B 想买只宠物
   C 被兔子咬伤
   D 对皮毛过敏

5. A 报社
   B 博物馆
   C 印刷厂
   D 公安局

6. A 很实用
   B 很时尚
   C 很高档
   D 很结实

7. A 病情减轻了
   B 做了手术
   C 胃疼
   D 情绪很激动

8. A 太旧了
   B 从未出过毛病
   C 很费电
   D 操作复杂

9. A 资金紧张
   B 不用调整方案
   C 会尽全力去谈
   D 会议马上开始

10. A 男的不够用功
    B 女的赢不了他
    C 他最近比较忙
    D 他想教女的

11. A 热情大方
    B 头脑灵活
    C 非常谦虚
    D 特别细心

12. A 单位有宴会
    B 要参加面试
    C 要照顾孩子
    D 要去外地采访

13. A 换零钱
    B 打听路线
    C 帮忙照相
    D 询问价格

14. A 删除垃圾文件
    B 关闭一些程序
    C 升级系统
    D 查杀病毒

15. A 很厚
    B 不太实用
    C 是非卖品
    D 不能手洗

16. A 还没签合同
    B 资金不够
    C 存在很大风险
    D 宣传做不好

17. A 修车
    B 考驾照
    C 找车库
    D 重新停车

18. A 位置好
    B 租金较低
    C 设施不全
    D 交通不便

19. A 少吃油炸食品
    B 多吃蔬菜
    C 爱惜粮食
    D 学炒菜

20. A 在法院工作过
    B 现在是律师
    C 博士毕业了
    D 想去经商

# 第 二 部 分

第21-45题：请选出正确答案。

21. A 不太新鲜
    B 种类多
    C 太咸了
    D 辣椒太多

22. A 练习射击
    B 参加婚礼
    C 去草原骑马
    D 去海边玩儿

23. A 会做家务了
    B 更自信了
    C 变勇敢了
    D 明白了很多道理

24. A 预定机票
    B 申请退货
    C 浏览网页
    D 签收包裹

25. A 需自己安装
    B 是抽奖得的
    C 可送货到家
    D 可优惠300元

26. A 取包裹
    B 寄文件
    C 交房租
    D 去健身房

27. A 专业性强
    B 风险很高
    C 前途光明
    D 很有意义

28. A 色彩单调
    B 图案抽象
    C 少印了几页
    D 还需调整

29. A 演讲很成功
    B 表演很精彩
    C 赢了比赛
    D 实习结束了

30. A 玩儿个游戏
    B 吹干头发
    C 戴上帽子
    D 洗澡

31. A 画画儿
    B 浇花
    C 搬花盆
    D 买花生

32. A 集中精力
    B 再次尝试
    C 使用工具
    D 向他求助

33. A 竞争激烈
    B 装修费用太高
    C 生意不太好
    D 人手不够

34. A 不合理
    B 很奇怪
    C 太抽象
    D 不值得做

35. A 指出错误
    B 打听路线
    C 询问价格
    D 买铃铛

36. A 看不懂
    B 文字大
    C 意义不大
    D 以前做过

37. A 数学不及格
    B 科学满分
    C 总分最高
    D 语文零分

38. A 推荐他出国留学
    B 让他重新考一次
    C 聘请他做教授
    D 录取了他

39. A 开花了
    B 花被虫子咬了
    C 很多叶子断了
    D 根烂了

40. A 能检测空气质量
    B 会散发香气
    C 无需勤浇水
    D 不喜欢阳光

41. A 要勇于承担责任
    B 做事不要犹豫
    C 要发挥自身优势
    D 要学会坚强

42. A 功能多样
    B 设计独特
    C 种类繁多
    D 无需电源

43. A 人与门距离的远近
    B 地毯上重量的变化
    C 光线的明暗
    D 声音的大小

44. A 让羊先熟悉主人
    B 让羊吃饱
    C 用草引羊走
    D 轻轻拍打羊

45. A 要从整体上把握事物
    B 不要逃避问题
    C 处理问题不要"硬碰硬"
    D 要争做"领头羊"

# 二、阅 读

## 第 一 部 分

第46-60题：请选出正确答案。

46-48.

冬天，许多湖泊和河流都会结冰，但海水却极少结冰，这是为什么呢？原来，一般情况下，水在零度就会结冰，但如果水里溶入了一些其他__46__，例如盐，那么它结冰的温度就会降到零度以下。由于海水里面__47__不少盐分，所以海水结冰的温度要比一般的淡水低，在冬天也就不太容易结冰了。__48__，海水的流动性很强，这也使得海水不易结冰。

| | | | | | | |
|---|---|---|---|---|---|---|
| 46. | A 事物 | | B 物质 | | C 资料 | D 资源 |
| 47. | A 具有 | | B 结合 | | C 含有 | D 集合 |
| 48. | A 一再 | | B 总共 | | C 至少 | D 另外 |

## 49-52.

　　著名画家张大千曾画过一幅《柳绿鸣蝉图》，画儿上有一只蝉，趴在柳枝上，头朝下，尾朝上。齐白石看到后说："错了！蝉在柳枝上，头极少朝下。"张大千得知后，__49__，心中却不服气。

　　几年后，张大千外出写生。那时正值盛夏，林子里蝉声此起彼伏。他想起齐白石的话，就跑去观察。树上趴着很多蝉，几乎都是头朝上。张大千不禁对齐白石充满了敬佩，但还是不明白其中的__50__。

　　后来，他专门向齐白石请教这个问题。齐白石说："蝉头大身小，趴在树上，头朝上重心才__51__，何况柳枝又细又软，蝉如果头朝下，肯定会掉下来。我们画画儿，必须__52__观察了再画。"张大千恍然大悟，对齐白石佩服得五体投地。

49. A 就和齐白石吵了起来
　　B 变得更有信心了
　　C 嘴上虽没说什么
　　D 却没办法改变了

50. A 道理　　B 核心　　C 传说　　D 细节

51. A 棒　　　B 宽　　　C 稳　　　D 硬

52. A 耐心　　B 仔细　　C 严格　　D 独特

53-56.

　　"变脸"是川剧艺术中的一种特技，是 _53_ 剧中人物内心感情的一种手法。相传在古代，人们为了吓走凶猛的野兽，就在自己的脸上画上不同的图案，这就是"变脸"的由来。后来，川剧把"变脸"搬上了舞台， _54_ 。"变脸"的神奇之处在于演员能在极短的时间内 _55_ 地变换脸部的图案。一般表演"变脸"时，演员会 _56_ 剧中故事情节的发展，在舞蹈动作的掩饰下，一张一张地变换脸上的图案。例如在川剧《白蛇传》中，演员就可以变出绿、红、白、黑等七八张不同颜色的"脸"。

53. A 发表　　　　B 公布　　　　C 表达　　　　D 转告
54. A 表演方式需进一步改进
　　 B 虽然投入了很多精力
　　 C 逐渐失去了它的魅力
　　 D 使它成为一门独特的艺术
55. A 强烈　　　　B 坚决　　　　C 过分　　　　D 迅速
56. A 分配　　　　B 展开　　　　C 吸取　　　　D 随着

## 57-60.

鼓励是一种重要的教育方法，每个人都能在不断地鼓励下 __57__ 自信、勇气和上进心。实践证明，鼓励可以使人心情愉快，而当一个人在愉快的心境下学习时，无论是感觉、知觉，还是思维和记忆力，都会处于最佳 __58__ 。所以，在教育孩子时，可以适当地鼓励孩子，这样做不仅可以增强他们的自信心，使孩子意识到自己的能力，还能提高他们对学习的兴趣，使他们 __59__ 去求知。同样的道理，在工作中，管理者多鼓励员工， __60__ ，使他们的工作更有效率。

57. A 成立　　　B 获得　　　C 生产　　　D 生长
58. A 状态　　　B 类型　　　C 形状　　　D 性质
59. A 主动　　　B 活泼　　　C 生动　　　D 干脆
60. A 提醒他们工作要认真
　　 B 也会提高员工的工作积极性
　　 C 使他们吸取经验和教训
　　 D 给员工提供更好的待遇

# 第 二 部 分

第61-70题：请选出与试题内容一致的一项。

61. "空杯心态"告诉我们：若想学得更多，就得先把自己想象成一个"空杯子"，而不是骄傲自满。这并不是要完全否定过去，而是要我们以谦虚的态度，去接触事物，融入新环境，从而不断丰富和完善自己。

   A 做事要有计划
   B 要提高自己的适应能力
   C 要经常表扬别人
   D 谦虚才能学到更多

62. 运动前最好先进行三五分钟的热身活动，通过一系列的动作来活动关节、舒展肌肉，使心脏逐渐适应即将进入的运动状态。运动结束后，同样应有几分钟的放松活动，让身体放松，避免运动带来的肌肉酸痛。

   A 运动能帮助人保持身材
   B 放松活动对肌肉有一定损害
   C 运动前的热身很有必要
   D 运动后要赶快洗澡

63. 在许多商品的外包装上，都有一组黑白相间的条形图，这就是条形码。条形码是一种特殊的图形，里面包含了一些和商品有关的信息，如生产国代码、生产厂商代码和商品名称代码等，这些图形只有计算机才能"看"得懂。

   A 条形码多为黑色
   B 电脑无法识别条形码
   C 条形码提供了很多信息
   D 条形码可以贴在任意位置上

64. "一场秋雨一场寒",伴随着阵阵秋雨,人们能明显地感觉到凉意渐浓。此时如果身体受寒,则极易生病。脖子,腰和脚尤其要注意保暖,因为这三个部位血管丰富、肌肉较少,一旦受寒,很容易引起相关部位的疾患。

   A 腰最易受伤
   B 秋季干燥易引起嗓子不适
   C 秋季需注意防寒保暖
   D 要多注意饮食卫生

65. 专家指出,人们吃的酸性食物会附着在牙齿上,使牙齿表面的牙釉质软化。此时刷牙有损牙齿健康。所以刚吃完饭尤其是吃过酸性食物的人,最好30分钟后再刷牙,这时牙齿的保护层已经恢复,牙齿就不容易受到损害了。

   A 要注意保护嗓子
   B 饭后不宜立即刷牙
   C 刷牙次数有限制
   D 牙齿掉落需要及时补牙

66. 烟袋斜街位于后海北侧,是北京十大胡同之一,也是一条极具传统文化特色的商业步行街。街道两侧的建筑保留了明清时代的传统风格,古朴典雅。街上商店鳞次栉比,古玩店、工艺品小店以及各色餐厅、酒吧应有尽有。在这里,你会感受到古老与现代、传统与时尚的交融碰撞。

   A 烟袋斜街共连接10条胡同
   B 烟袋斜街的建筑十分古典
   C 烟袋斜街始建于明朝
   D 烟袋斜街是著名的美食街

67. 生命存活要有适宜的温度，过冷或过热都不利于生命的发育。而我们的大气层恰好是一个很好的温度调节器。白天，大气层能吸收和反射一部分热量，使地表温度不至于过高；夜晚，它又像一床厚被，把地面散失的热量保存住，使温度不会降得太低。这样，地球上的温度就可以保持相对稳定。

    A 气温越高生命发育越快
    B 大气层能调节地表温度
    C 大气层正在遭到破坏
    D 白天是地面散热的最佳时间

68. 无花果并不是没有花，也不是不开花就结果。摘下一颗刚长出的小无花果，用刀把它的顶端切开，会看见里面长着很多小花，并且还是雌雄两种花。这些花就在这个花托里开花，相互授粉，然后结出果实。因为这些花一直藏在花托里，不易被发现，所以人们才叫它无花果。

    A 无花果其实有花
    B 无花果不可食用
    C 无花果在冬天成熟
    D 无花果不常见

69. 周庄是一个有着900多年历史的江南古镇。它因灵秀的水乡风貌、独特的人文景观和质朴的民俗风情，被誉为"中国第一水乡"。旅游业是周庄的支柱产业，"周庄水乡古镇游"开创了江南水乡古镇旅游的先河，已成为中国精品旅游路线之一。

    A 周庄人不善于经商
    B 周庄是新兴的江南小镇
    C 周庄的旅游业不发达
    D 周庄旅游以水乡古镇为特色

70. 中国是世界上最早研究和使用竹子的国家。竹子空心，躯干笔直，四季常青，人们常用它来象征虚心、高洁和坚强等精神品格。另外，竹子还是制作乐器的重要材料，古人常用"丝竹"来指代音乐。可以说，中国人对竹子有着特殊且深厚的感情。

    A  竹子在中国文化中有美好的寓意

    B  竹乐器制作过程复杂

    C  竹子表面一点儿都不光滑

    D  面积最大的竹林在中国

# 第 三 部 分

第71-90题：请选出正确答案。

71-74.

一个小男孩儿刚学物理时，成绩很差，有次只考了8分。老师找他谈话，他沮丧地说："老师，我不适合学物理。"老师想了想，笑着对他说："下次你只要考到9分，就算你及格了。"他心想这不难做到，就痛快地答应了，结果在接下来的那次考试中他得了28分。

虽然他考得比上次高了很多，但他的分数仍然是班上最低的。为了鼓励他，老师又想了一个<u>办法</u>，她把全班同学两次考试的成绩做了对比，得出了一个新分数，例如上次考90分，这次还是90分，得分就是0；上次93分，这次是95分的，得分就是2……这样，这个男孩儿得到了全班的最高分——20分。老师把他叫到办公室，给他看同学们两次考试的分数差，然后问他："谁进步最大？"他惊喜地看到，进步最大的居然是自己。

他一下子就兴奋了起来，心想自己只要稍微努力一下，就是全班进步最大的。从那以后，他再也没怀疑过自己的学习能力。渐渐地，他喜欢上了物理，成绩也突飞猛进，最终成了全世界最伟大的物理学家之一。

71. 根据第1段，老师找他谈话，是因为他：
   A 分数太低　　　　　　　　B 不遵守纪律
   C 课上很积极　　　　　　　D 想退学

72. 第2段画线句子中的"办法"指的是：
   A 比较两次考试的分数
   B 给他换了座位
   C 单独给他辅导
   D 重新安排一次考试

73. 根据上文,他为什么很兴奋?

    A 被名校录取了

    B 老师批准了他的请求

    C 发现自己进步最大

    D 研究成果得到了认可

74. 下列哪项最适合做上文的标题?

    A 鼓励的力量                B 老师的耐心

    C 骄傲的物理学家            D 人生需要梦想

75-78.

　　古时候，有一艘满载着珍贵瓷器的船沉没了。多年来，人们始终无法打捞出那些沉入海底的宝物，即使是水性最好的人，也无法潜到那么深的地方。

　　后来，有几位渔民想；为何不请章鱼来"帮忙"呢？他们捕捉了一些章鱼，用绳子拴住它们，然后把它们放到沉船的地方。这些章鱼沉到海底后，一发现各种各样的瓷器，就纷纷钻了进去。这时，渔民们再小心翼翼地将绳子提起，而章鱼们丝毫没有察觉，他们的吸盘仍然紧紧地吸在瓷器上，等到吸着瓷器的章鱼被拉出水面后，渔民们往瓷器里加一些盐，它们就乖乖地从瓷器里爬出来了。就这样，在这些"打捞工"的帮助下，渔民们把沉在海底的贵重瓷器一件一件地打捞了上来。

　　人类自身的能力是有限的，但只要运用智慧、假借外力，就可以大大延伸我们的活动空间。我们虽然无法潜入深海，却可以利用章鱼喜欢藏身于空心器物，这一特性，让它们替我们去打捞沉入深海的瓷器，这真是人类的<u>高妙</u>之处。

75. 关于那艘沉船，可以知道什么？

　　A 装有宝物
　　B 设施非常好
　　C 构造独特
　　D 是村民改造的

76. 章鱼发现瓷器后会怎么做？

　　A 振动绳子
　　B 藏入其中
　　C 放慢前进的速度
　　D 展开身体

77. 与第3段画线词语"高妙"意思最相近的是：
   A 成熟　　　　　　　　　B 谨慎
   C 耐心　　　　　　　　　D 聪明

78. 上文主要想告诉我们：
   A 要善于利用外物
   B 知识能创造财富
   C 海洋是一个宝藏
   D 动物是人类的好朋友

79-82.

一般来说，走进某电影院的影厅，如果能清楚地看到每一排座位的椅背，座椅是平铺的而非折叠的，并且座位前后很宽松，即使有人出入也不必起身，那么这就是一家比较正规的影院。其实，影院座位的排列包含了诸多不为人注意的玄机。

选择座位时，大多数观众都会优先选择影厅正中间的座位。其实，观影最佳的位置应该在影厅中间稍后的那几排。比如影厅有10排座位，则6-8排的座位最好；若有20排座位，则13-16排的最佳。如果坐得太靠前，会感觉银屏变形，且脖子一直仰着，会给颈部造成压力；太靠后则光线偏暗，看不清细节，音响效果也会减弱。

同一排的座位中也并非中间的位置最好。因为电影的亮光照在银屏上后会反射，使光线回射进入人的眼中。长时间受这种强光照射，容易使人眼睛酸、视力下降，甚至会引发眼部疾病。实际上，中间偏旁边一点儿的位置才是最好的选择，除了能避免强光反射外，这两处的音效也是最好的。

当然，也有些条件更好的影院，比如使用双放映机甚至多放映机播放，座位下有独立音响等，这样的影院坐哪儿效果都<u>相差无几</u>，观众只需凭个人爱好选择就可以。

79. 根据第1段，正规的影院：
   A 提供双语字幕
   B 前后排空间大
   C 紧急出口不多
   D 使用躺椅

80. 观影时为什么不宜坐得太靠前？
   A 很难集中注意力
   B 左右声道不统一
   C 妨碍他人进出
   D 脖子会不舒服

81. 关于第3段，下列哪项正确？
    A 观影舒适度与位置无关
    B 中间偏旁边的位置较好
    C 光太强易引起画面迷糊
    D 最后一排声效特别好

82. 第4段中"相差无几"的意思最可能是：
    A 区别不大                B 几乎完美
    C 很容易比较              D 绝对安全

83-86.

一对画家夫妇希望儿子也成为画家,并能创作出比他们的画更优秀的作品。所以,他们一直对儿子很严格。"这个画得不像,你真笨!""颜色搭配得不好,你平时都没有认真观察吗?"

孩子10岁时,这对夫妇感到十分失望。因为尽管他们严格要求,孩子还是没能画出像样的作品。就在他们准备让孩子放弃时,一位画家朋友来访。朋友看了孩子的画儿,又与孩子深入交谈一番,他认为孩子很有绘画天赋,只是父母不太懂教育。

"难道我们画了一辈子,却连教孩子的能力都没有吗?"这对夫妇不高兴地问朋友。

"不是绘画技巧的问题,是教育方法的问题。"朋友坦率地说。

原来,这位朋友带过不少学生,所以知道问题出在哪儿。在他的争取下,这对夫妇同意让他试教孩子一年。

"这幅画儿真不错!""你真是个天才!"在老师的赞扬声中,孩子一天天地进步。一年后,当画家夫妇再看到孩子的作品时,他们简直不敢相信自己的眼睛。这时他们才发现孩子其实天赋很高,同时也明白了赞扬的重要性。

每个人的成长都需要一个过程,明智的人懂得适时称赞,多一些肯定,少一些批评,从而使对方受到鼓励,更加上进。

83. 朋友认为问题出在哪儿?
   A 孩子对色彩不敏感
   B 父母的教育方法不对
   C 孩子不够专心
   D 孩子缺乏自信

84. 一年后看到孩子的作品时,那对夫妇:
   A 特别吃惊           B 感到很亲切
   C 更加悲观了         D 更加惊慌

85. 根据上文，下列哪项正确？
    A 朋友劝孩子放弃学画
    B 孩子一直很佩服他的父母
    C 画家夫妇很盼望儿子成才
    D 孩子总爱抱怨

86. 上文主要想告诉我们：
    A 要体贴父母
    B 要虚心接受他人的意见
    C 要因材施教
    D 要懂得称赞他人

87-90.

彩虹是一种光学现象。当阳光折射到空气中的水滴，光线被反射和折射后，天空中就会形成拱形的七彩光谱。

其实只要空气中有水滴，而阳光正在我们的背后以低角度照射，我们就有可能看到彩虹。彩虹最常在雨后初晴时出现。这时空气中灰尘少，充满小水滴，天空的一边因为仍有雨云而较暗。而我们头上或背后已没有云的遮挡，阳光可以照过来，这样就比较容易看到彩虹。另一个经常可见到彩虹的地方是瀑布附近。此外，在天气晴朗的时候，背对着阳光，然后向空中喷洒水雾，还可以人工制造彩虹。

晚虹是彩虹中少见的一种奇特现象，最可能在月光强烈的夜晚出现。但因夜间光线比较暗，我们的视力变弱，眼睛难以分辨颜色，因此晚虹看起来好像是白色的。

一般来说，彩虹有7种颜色，但到底是哪7种，说法却不同。一种说法是：红、橙、黄、绿、青、蓝、紫。另一种说法是：红、橙、黄、绿、蓝、靛、紫。但不管怎样，彩虹的美都给了我们无尽的遐想，彩虹的形象也经常出现在神话等文学作品中，承载了人们美好的希望。

87. 根据上文，什么时候最容易看到彩虹？
    A 雨后天晴的下午　　　　B 有大雾的早晨
    C 傍晚　　　　　　　　　D 月圆之夜

88. 关于彩虹现象，下列哪项正确？
    A 能人工制造
    B 灰尘越多越明显
    C 出现的地点固定
    D 持续时间很短

89. 为什么晚虹看上去像是白色的?
    A 刚下过雷阵雨
    B 被月亮的光遮住了
    C 人的视力晚上较弱
    D 光线太亮

90. 根据第4段，可以知道：
    A 彩虹颜色单调
    B 彩虹颜色不一
    C 彩虹是人们的空想
    D 彩虹形状复杂

# 三、书 写

## 第 一 部 分

第91-98题：完成句子。

> 例如： 发表　　这篇论文　　什么时候　　是　　的
>
> 这篇论文是什么时候发表的？

91. 请　　勿在　　抽烟　　楼里

92. 做过　　他曾经　　主持人　　广播站的

93. 专家的肯定　　发明　　得到了　　这项

94. 能　　你　　宴会　　出席今晚的　　吗

95. 尽快　　请　　办理保险　　您　　手续

96. 相关材料　　把　　我已经　　发给她了

97. 没有想象的　　那么　　糟糕　　并　　事情

98. 这次的　　5月底　　夏令营　　将持续到　　活动

# 第 二 部 分

第 99-100 题：写短文。

99. 请结合下列词语(要全部使用)，写一篇80字左右的短文。

   失败、目标、勇敢、收获、面对

100. 请结合这张图片写一篇80字左右的短文。

新HSK 끝짱 모의고사 5급

新汉语水平考试

# 실전 모의고사 제4회

# 新汉语水平考试
# HSK(五级)
# 全真模拟题 4

注 意

一、HSK（五级）分三部分：

    1．听力(45题，约30分钟)

    2．阅读(45题，45分钟)

    3．书写(10题，40分钟)

二、听力结束后，有5分钟填写答题卡。

三、全部考试约125分钟(含考生填写个人信息时间5分钟)。

中国 北京　　　　　　　　　　　　XXXX/XXXXXX　编制

# 一、听 力

## 第 一 部 分

第1-20题：请选出正确答案。

1. A 样式老
   B 颜色太鲜艳
   C 布料不够厚
   D 不吸水

2. A 修改论文
   B 做简历
   C 整理会议材料
   D 看球赛

3. A 维修工
   B 企业领导
   C 教练
   D 会计

4. A 光太强
   B 拍得很专业
   C 很结实
   D 有些模糊

5. A 咖啡厅
   B 银行
   C 酒吧
   D 公寓

6. A 橘子
   B 饺子
   C 香肠
   D 矿泉水

7. A 地下室
   B 大厦顶层
   C 操场上
   D 胡同里

8. A 没电了
   B 没放电池
   C 缺零件
   D 被东西挡住了

9. A 浏览网页
   B 上网购物
   C 上网挂号
   D 上网订餐

10. A 暑假期间
    B 这个月中旬
    C 春节之前
    D 礼拜天

11. A 附近太吵
    B 厨房较小
    C 不通风
    D 很潮湿

12. A 卖掉股票
    B 去学理财
    C 谨慎投资
    D 再检查一下

13. A 键盘坏了
    B 硬盘坏了
    C 中病毒了
    D 显示器有问题

14. A 不够时髦
    B 样式经典
    C 颜色单调
    D 显得太成熟

15. A 产品宣传方案
    B 资金筹备
    C 企业制度建设
    D 销售方案

16. A 女儿赢了比赛
    B 女儿被录取了
    C 他升职了
    D 他发奖金了

17. A 赔了很多钱
    B 面料很高档
    C 已是最低价
    D 商店在装修

18. A 重装系统
    B 删除文件
    C 升级软件
    D 找专业人员修

19. A 贷款
    B 网上付款
    C 手机上网
    D 取消账户

20. A 个人名片
    B 发表的文章
    C 硕士论文
    D 学历证书

# 第 二 部 分

第21-45题：请选出正确答案。

21. A 驾校
    B 健身中心
    C 乐器店
    D 博物馆

22. A 媒体联系好了
    B 嘉宾都已入场
    C 换场地了
    D 推迟了

23. A 吹风机摔坏了
    B 鼠标不见了
    C 屋里很干净
    D 键盘上都是水

24. A 看展览
    B 去欧洲玩儿
    C 听讲座
    D 参加艺术节

25. A 单位要印材料
    B 要去实习
    C 想采访他们
    C 想出版新书

26. A 护照号错了
    B 报错级别了
    C 信息未登记全
    D 身份证号有误

27. A 在打电话
    B 目前没货
    C 是关于心理学的
    D 不会再出版了

28. A 访谈节目
    B 纪录片
    C 体育节目
    D 娱乐节目

29. A 去逛街
    B 收到包裹了
    C 是快递员
    D 想退货

30. A 销量较低
    B 很便宜
    C 保修期为一年
    D 已经停产了

31. A 来回转圈
    B 变换睡觉的地方
    C 摇尾巴
    D 伸懒腰

32. A 光和热对人可能有益
    B 猫很聪明
    C 动物也有语言
    D 阳光能帮助治疗失眠

33. A 突出优点
    B 讲诚信
    C 要始终如一
    D 对人要亲切

34. A 不要过分追求完美
    B 最后印象的重要性
    C 怎样发挥自己的优势
    D 交朋友的原则

35. A 销售业绩很好
    B 从事运输行业
    C 记忆力不错
    D 在实习

36. A 玻璃敲不碎
    B 样品是小马设计的
    C 订单数额巨大
    D 玻璃是进口的

37. A 要敢于冒险
    B 重视信用
    C 行动更有说服力
    D 安全第一

38. A 破了个洞
    B 从未修理过
    C 是用石头堆起来的
    D 面积很小

39. A 牧民怀疑邻居偷了羊
    B 牧民最后抓住了狼
    C 牧民只丢了一只羊
    D 牧民开始没接受邻居的建议

40. A 追着蝴蝶跑
    B 继续赶路
    C 蹲在地上找
    D 假装不知道

41. A 被鸟吃光了
    B 被水冲走了
    C 被人踩碎了
    D 被同伴偷了

42. A 科学问题
    B 快乐的事
    C 计算问题
    D 明白的事

43. A 没有爱好
    B 喜欢赞美别人
    C 字写得漂亮
    D 说话幽默

44. A 男朋友
    B 一个人住
    C 一个好朋友
    D 父母

45. A 觉得不方便
    B 房子价格太高
    C 一个好朋友
    D 离公司很远

# 二、阅 读

## 第 一 部 分

第46-60题：请选出正确答案。

46-48.

　　地图鱼是一种美丽的热带鱼，它们黑色的身体上布满了不规则的红色和橙黄色的斑纹，好像一__46__地图。有意思的是，它们能认出自己的主人。当被陌生人观赏时，它们会__47__地做自己的事，而当主人靠近水箱时，它们会立即游过来，摆动着尾巴表示欢迎。有些经过训练的地图鱼甚至会跃出水面去接主人手中的食物。__48__，地图鱼是一种非常有趣的观赏鱼。

46. A 支　　　　B 幅　　　　C 粒　　　　D 颗
47. A 专心　　　B 乐观　　　C 热心　　　D 好客
48. A 与其　　　B 总之　　　C 何况　　　D 从此

49-52.

春秋时期，齐国派兵进攻鲁国。鲁庄公和曹刿在长勺迎击齐军。两军摆好阵势后，鲁庄公急着下令击鼓进军，曹刿 _49_ 上前阻止，让他等待时机。直到齐军击第三遍鼓后，曹刿才让鲁军击鼓出战，_50_ ，很容易就打败了齐军；事后鲁庄公问曹刿再这样做的原因。曹刿说："打仗靠士气，士兵的勇气和耐心非常重要。齐军击第一遍鼓时，士兵的士气大增；第二遍时，_51_ ；第三遍时，士气就快用尽了。这时我们在击鼓作战，以士气高涨的部队攻打 _52_ 的敌人，当然会取胜了。"

49. A 陆续　　　B 随时　　　C 继续　　　D 赶紧
50. A 结果　　　B 不然　　　C 总之　　　D 从此
51. A 其实是在讽刺
    B 正是进攻的好时机
    C 劲头已在减弱
    D 大家一起使劲儿
52. A 犹豫　　　B 遗憾　　　C 可惜　　　D 疲劳

53-56.

"免费"很招人喜爱，但有时也会使我们做出不明智的决定。

比如，面对一张免费的10元礼券与一张价格7元的20元礼券，大多数人会选择前者。其实这并不合算，因为20元的那张实际上会让你获得13元的 _53_ 。但人们一看到"免费"这个词，理智往往就被抛到脑后了。

这种心理被越来越多的广告商和市场营销者所 _54_ ，因为只要带有"免费"这个词， _55_ 。

要警惕"免费"的诱惑，因为你可能 _56_ 没有得到任何实惠。

53. A 赔偿　　　B 投入　　　C 罚款　　　D 优惠
54. A 争取　　　B 利用　　　C 制定　　　D 启示
55. A 一旦我们下定决心买
    B 商品的吸引力就会大大提高
    C 即使出错了也没关系
    D 这会节省不少钱
56. A 总算　　　B 简直　　　C 根本　　　D 本质

57-60.

有个人在旅店投宿，醒来后发现银子不见了，而这一晚店里没有别的客人，因此他怀疑是老板 __57__ 去的。但老板根本不承认，于是两个人闹到了县衙。县官听后，思考了片刻，便对老板说："我在你手上写个'银'字，你到院子里晒会儿太阳， __58__ 一个小时后字还在，那就说明此事与你无关。"随后，县官派人去把老板娘叫来。老板娘来到县衙，见丈夫在外面站着， __59__ 。这时，县官大声问店老板："'银'字还在你手里吗？"店老板连忙回答："在，在。"老板娘一听丈夫承认了"银子"在，就不敢再隐瞒了， __60__ 回家拿出了银子。

57. A 偷　　　　B 摘　　　　C 抢　　　　D 捡

58. A 不然　　　B 哪怕　　　C 导致　　　D 假如

59. A 却不知道是怎么回事
    B 觉得他非常谦虚
    C 便假装不认识他
    D 至今没有消息

60. A 渐渐　　　B 深深　　　C 纷纷　　　D 乖乖

# 第 二 部 分

第61-70题：请选出与试题内容一致的一项。

61. 机会之门开启之前，你无法判断它背后是成功还是失败。你所要做的就是鼓足勇气敲开它，如果你只是站在门前犹豫不决，不去行动，那么你将一直被关在成功的门外。

    A 充分利用每一分钟
    B 要敢于行动
    C 坚持才能取得胜利
    D 成功也需要勇气

62. 昆虫是地球上数量最多的动物群体，它们的踪迹几乎遍布世界的每个角落。大多数昆虫都具有高超的飞行技术，能借助飞行来选择适宜的生存环境，寻找食物和同伴。

    A 昆虫的分布很广
    B 昆虫的寿命很短
    C 昆虫的数量非常有限
    D 昆虫的飞行速度很快

63. 黑豆营养丰富，含有多种营养成分。其中优质蛋白的含量比黄豆的大约高出1/4，居豆类之首，因此赢得了"豆中之王"的美誉。即使与蛋白质丰富的肉类相比，黑豆也毫不逊色，因此它又被誉为"植物蛋白肉"。

    A 老人不适合吃黑豆
    B 黑豆蛋白质含量比肉类更多
    C 黑豆营养价值高
    D 黑豆热量比较低

64. 读书能增长知识，但也会限制思维。"读万卷书"后，只有亲自去"行万里路"，才能真切体验到书中所描绘的情景，然后将作者的感受同自己的理解加以比较，这样方能有更多的收获，读书的效果才能真正地体现出来。

A 旅行有助于改善情绪
B 要将读书与体验结合起来
C 读书前要先了解作者的写作背景
D 读书是获得知识的最好方式

65. 一部作品要想打动读者，最关键的是作家对生活、对艺术、对读者要抱有真诚的态度。作品中任何虚假的声音，读者都能听得见。其中的赞美与反对，都应是作者内心真实的表达，唯有这样的作品才能引起无数心灵的共鸣。

A 作家创作要有诚恳的态度
B 创作要充分考虑市场需求
C 作者应多听读者的评价
D 作家的风格决定作品的水平

66. 票号是清代出现的一种金融机构。中国最早的票号是山西省的日昇昌票号，它坐落于平遥古城西大街的繁华地段，是中国现代银行的开山鼻祖。日昇昌票号历经百年，分号遍布全国35个大中城市，业务远至欧美、东南亚等，以"汇通天下"而著名。

A 日昇昌创办于明朝
B 票号是一种古代钱币
C 中国最早的票号位于欧美
D 日昇昌的业务远及海外

67. 科学家们发现植物对光的颜色有选择性，不同的植物喜欢不同颜色的光。这一发现可应用于农业生产上：在红光照射下，小麦发育快，成熟早，辣椒生长快，结果多；在紫光照射下，西红柿产量多出40%以上。相信随着科学技术的进步，颜色在农业上的应用也将越来越广泛。

    A 光照可延长食物保质期
    B 小麦喜欢紫色光
    C 阳光越充足农作物产量越高
    D 合理利用光照可促进农作物增产

68. 海象是珍稀的哺乳类海洋动物，它们一般能在水中潜游20分钟，潜水深度可达500米。有的海象曾创纪录的潜入到1500米的深水层，大大超过一般军用潜艇的潜水深度。更令人吃惊的是，海象只需几分钟就能从前一次潜水中恢复体力，再次潜入水下。

    A 海象潜水本领强
    B 海象浮出水面费时较长
    C 海象潜游是在减轻压力
    D 海象生活在海底最深处

69. 天一阁是一个以藏书文化为核心，集藏书的保护、管理、陈列、研究及旅游观光于一体的专题性博物馆，它也是中国现存最早的私人藏书楼。天一阁现收藏的各类书籍达30余万卷，此外，还有大量的字画、碑帖以及精美的地方工艺品，这些都是宝贵的文化财富。

    A 天一阁存放着大量古书
    B 天一阁不对外开放
    C 天一阁是中国最早的博物馆
    D 天一阁一直在扩建

70. 著名的六度空间理论认为：你和任何一个陌生人之间所隔的人不会超过6个，也就是说，最多通过6个人你就能认识任何一个陌生人。这种现象，并不是说一个人与任何陌生人都必须通过6层关系才会产生联系，而是表达了这样一个重要的概念：任何两个素不相识的人，只要通过一定的方式，就能够产生某种联系。

A 陌生人之间很容易沟通
B 每个人至少要有6个朋友
C 六度空间是一个地理概念
D 陌生人之间也能建立某种联系

# 第 三 部 分

第71-90题：请选出正确答案。

71-74.

沈括小时候上学时，老师在课堂上给同学们朗读了一首白居易的诗。当读到"人间四月芳菲尽，山寺桃花始盛开"这句时，沈括的眉头拧成了一个结，"为什么4月其他地方的花都谢了，山上的桃花才开始盛开呢？"这个问题一直萦绕在沈括的心头，后来他找其他同学讨论，但谁都说不出个所以然来。

第二天，沈括一行人就前往山里寻找答案。4月的山上，乍暖还寒，凉风袭来，冻得人瑟瑟发抖，沈括茅塞顿开，原来山上的温度要比山下低很多，花季也比山下来得晚，所以山下的桃花都谢了，而山上的桃花还在盛开呢。

正是有了这种"打破砂锅问到底"的精神，沈括的学问才得以不断地增长。

凭借这种求索和实证的精神，长大后的沈括写出了被誉为"中国古代百科全书"的《梦溪笔谈》。

71. 第一段中的"眉头拧成了一个结"是形容沈括：
   A 很委屈                B 心存疑问
   C 十分发愁              D 不耐烦

72. 沈括一行人上山是为了：
   A 体验生活
   B 摘桃子
   C 寻找诗中所描写的美景
   D 找出山上开花晚的原因

73. 关于沈括，可以知道什么？
    A 喜欢冒险
    B 是一位诗人
    C 小时候很淘气
    D 是《梦溪笔谈》的作者

74. 上文主要想告诉我们：
    A 要懂得合作
    B 要学会欣赏
    C 要有求知精神
    D 考虑问题要慎重

75-78.

　　一群青蛙来到一座10层高的楼前，比赛看谁先爬到楼顶。很多动物聚集在高楼下观看。

　　比赛刚开始，就有动物大喊："我看还是别费劲儿了，你们根本不可能爬到楼顶的！"

　　听到这句话，蛙群中一阵骚动，有些青蛙摇摇头退出了比赛。但还是有不少青蛙在坚持，其中有一只显得尤其卖力，尽管它已经摔下来好几次了。

　　下面的动物仍旧在喊："别白费力气了，青蛙永远都不可能爬上高楼的！"

　　伴随着它们的喊声，越来越多的青蛙放弃了比赛，但那只非常卖力的青蛙仍然在努力地向上爬，而且好像越爬越有劲儿。只见它一跳一蹲，台阶就这样一级一级地被它甩在了身后。临近终点时，其他青蛙全都退出了比赛。最后，只有它爬上了楼顶。

　　放弃比赛的青蛙们都想知道这只青蛙是如何坚持下来的。但不管大家怎么问，这只青蛙就是不开口。这时大家才发现原来它听觉不太好，根本没听到刚才动物们说的话。

　　很多时候，我们就是因为听了别人的"忠言"而把成功想得高不可攀，放弃了努力。其实，只要全神贯注于你的目标，成功就会离你越来越近。

75. 青蛙们在举行什么比赛？
　　A 数台阶　　　　　　　B 比力气
　　C 爬楼顶　　　　　　　D 建房子

76. 根据上文，很多青蛙退出比赛的原因是：
　　A 听信了其他动物的话
　　B 觉得不公平
　　C 违反了比赛规则
　　D 腿摔伤了

77. 关于那只获胜的青蛙，下列哪项正确？
    A 非常讨厌冒险
    B 好奇心特别强
    C 始终很努力
    D 身体很健康

78. 最适合做上文标题的是：
    A 敢于放弃
    B 团结就是力量
    C 沉默是金
    D 听不见的青蛙

79-82.

她经营着一家小小的蛋糕店，生意平平。一天，一对中年夫妇来店里，要求定做一个象棋形状的蛋糕，送给在象棋大赛中获得冠军的儿子。他们已经跑了好几家店，但因为出价不高没人肯做。

她答应了下来。晚上，她特意去买了一副象棋，自己在店里琢磨，因为对方出价低，用贵的材料会亏本，但若用普通的材料，做出来的蛋糕肯定不理想，想来想去，她最终还是选用了上好的材料。

第二天，那对夫妇看到漂亮的象棋蛋糕后高兴极了，一个劲儿地道谢。事后，他们还介绍了一些朋友来定做蛋糕。

这笔偶然的生意启发了她。她想：现在的社会，什么都讲个性，千篇一律的蛋糕怎么能吸引人呢？如果给每一个蛋糕定一个与顾客的经历有关的主题，为他们量身定做独一无二的蛋糕，说不定会给店里的生意带来起色呢！

此后，每当有顾客来店里订蛋糕时，她都会详细地问："告诉我，你要送给什么人？他和你是什么关系，他有什么爱好……"虽然顾客经常会被她弄得莫名其妙，但是明白<u>她的心意</u>后，都有一种意外的惊喜。看到她根据自己讲述的故事做出来的主题蛋糕时，更是赞叹不已。一传十，十传百，来定做蛋糕的人越来越多。看到自己的蛋糕这么受欢迎，还能给大家带来好心情，她干脆给蛋糕店起了一个浪漫的名字——"美丽心情"。 就这样，她的蛋糕走进了更多人的心里。

79. 关于那个象棋蛋糕，下列哪项正确？

　　A 写满了祝福语
　　B 是象棋冠军设计的
　　C 是为婚礼准备的
　　D 原料比较贵

80. 第5段中画线词语"她的心意"指的是：

　　A 说服顾客多买蛋糕
　　B 为顾客做主题蛋糕
　　C 帮顾客挑选礼物
　　D 赠送装饰品

81. 根据上文，可以知道什么？
    A 她常常熬夜
    B 顾客建议她开网店
    C 她很会讲故事
    D 她店的生意转好了

82. 最适合做上文标题的是：
    A 善良的糕点师
    B 有故事的蛋糕
    C 模仿的神奇力量
    D 小象棋大作用

83-86.

清朝康熙年间，一户姓张的人家和一户姓吴的人家相邻。两家中间有三尺空地，由于他们的房子都是祖上留下的产业，时间久远，这三尺空地究竟属于哪家，谁也不清楚。

后来，吴家重修房子，想要占用那三尺空地，张家不同意，说这三尺空地是他们家的，吴家则认为是自己的，两家为此争执不下。于是，张家给在京城做大官的亲戚张英去了一封信，说明了情况，希望张英可以为张家做主。

不料张英不但没压制吴家，反而让自己家人让出这三尺空地。张英在信中写道："千里修书只为墙，让他三尺又何妨？万里长城今犹在，不见当年秦始皇。"张家人读了信后觉得很惭愧。

于是主动登门拜访吴家，并把三尺空地让了出来。吴家被张英的大度谦让所感动，在重修房屋时，也让出了三尺地，这样两家之间就空出了一条足有六尺宽的巷子，人称"六尺巷"。张英大度谦让地处理邻里财产纠纷的事情也被传为千古佳话。

六尺巷只有百米长，但留给人们的思考却很多。俗话说："退一步天高海阔，让三分心平气和。"谦让、忍让虽然可能会使我们暂时失去面子，失去利益，但却可以让我们拥有优雅的风度和平和的心境。其实，得与失总是相对平衡的，我们失去的，往往会以另一种形式得到补偿。让，是一种修养，是一种美德，也是一种人生的至高境界。

83. 为什么两家不清楚空地该归谁？
  A 房屋合同丢了　　　　　B 转卖过多次
  C 年代久远　　　　　　　D 曾属于两家共有

84. 张英希望张家怎么做？
  A 让出空地
  B 向吴家道歉
  C 把空地卖给吴家
  D 和吴家共同开发空地

85. 根据上文，下列哪项正确？
    A 张家得到了赔偿
    B 两家的矛盾日益深了
    C 吴家最后没重修房子
    D 张英的做法受到了人们赞扬

86. 上文主要想告诉我们：
    A 要懂得谦让
    B 要勇于承认错误
    C 幸福要靠自己争取
    D 邻里之间要互相帮助

87-90.

最新研究发现，蜜蜂的飞行并不全是由翅膀的振动来完成的，它的后腿也发挥着重要的作用。

众所周知，飞机在飞行过程中起落架是收起来的，着陆的时候才放下来。在人们的印象中，动物在飞行时，他们的腿肯定同飞机的起落架一样，都是收起来的。如果你留心观察的话，会发现大多数动物都是这样的，但蜜蜂是一个例外。

为了进一步分析蜜蜂的飞行特点，科学家做了一项实验，他们诱使蜜蜂在一个户外风洞中飞行，以便进行观察。结果发现，有一种兰花蜂蜜，它的后腿像飞机的机翼一样，能为蜜蜂提供上升的力量。当风洞中的风达到一定的速度时，蜜蜂就会伸出后腿来保持飞行的稳定，速度越快，后腿伸展的幅度越大。但是，如果风速提高到超过它所能承受的极限时，即使它完全伸展开后腿，也无法在保持身体的平衡和飞行的稳定，这时蜂蜜便会四处乱撞。

实验表明，蜜蜂的飞行速度并不取决于它的肌肉力量的大小或者翅膀振动的快慢，而是取决于它在不稳定的飞行条件下自我控制和调节平衡的能力。它伸出的后腿可以帮助它实现平衡，就像飞速旋转的花样滑冰运动员张开手臂来平衡自己的身体一样。

87. 第2段举飞机的例子是为了说明许多动物：
    A 能持续飞行很长时间
    B 善于利用气流
    C 飞行时腿会收起来
    D 懂得节省体力

88. 关于兰花蜜蜂，可以知道什么？
    A 翅膀形状独特
    B 后腿可提供上升力
    C 常活动在风洞附近
    D 飞行速度极快

89. 根据上文，蜜蜂飞行速度与哪种能力有关？
   A 辨认方向　　　　　　　B 感知温度
   C 调控平衡　　　　　　　D 传播花粉

90. 上文主要介绍的是：
   A 蜜蜂的生存智慧
   B 蜜蜂喜欢成群飞的原因
   C 后腿对蜜蜂飞行的重要性
   D 风速对蜜蜂寻找食物的影响

# 三、书写

## 第一部分

第91-98题：完成句子。

> 例如： 发表　　这篇论文　　什么时候　　是　　的
>
> 　　　这篇论文是什么时候发表的?

91. 当地的　　风格　　很古典　　建筑

92. 手续　　办理辞职　　她已经　　了

93. 充分的　　投资之前　　应进行　　市场调查

94. 说明　　都　　每幅画儿　　下面　　配有

95. 学校　　为学生　　健康保险　　办理了

96. 1988年　　正式　　农业展览馆　　建成于

97. 很多动物　　平衡　　靠尾巴　　控制

98. 记录了　　当时的　　生动地　　这张照片　　情景

# 第 二 部 分

第 99-100 题：写短文。

99. 请结合下列词语(要全部使用)，写一篇80字左右的短文。

困难、遇到、虚心、经验、成长

100. 请结合这张图片写一篇80字左右的短文。

# 新HSK 끝짱 모의고사 5급

## 新汉语水平考试

# 실전 모의고사 제5회

# 新汉语水平考试
# HSK(五级)
# 全真模拟题 5

注 意

一、HSK（五级）分三部分：

1．听力(45题，约30分钟)

2．阅读(45题，45分钟)

3．书写(10题，40分钟)

二、听力结束后，有5分钟填写答题卡。

三、全部考试约125分钟(含考生填写个人信息时间5分钟)。

中国 北京　　　　　　　　　　　XXXX/XXXXXX　　编制

# 一、听 力

## 第 一 部 分

第1-20题：请选出正确答案。

1. A 维修人员
   B 律师
   C 主持人
   D 歌手

2. A 登记物品数量
   B 买办公用品
   C 找人搬走货物
   D 找仓库

3. A 报纸上
   B 电视新闻里
   C 短信里
   D 娱乐杂志上

4. A 秘书
   B 作家
   C 演员
   D 运动员

5. A 纪录片
   B 体育
   C 新闻
   D 综艺娱乐

6. A 先去理发
   B 换副手套
   C 戴条项链
   D 穿件厚外套

7. A 邮局
   B 国家大剧院
   C 国家博物馆
   D 法院

8. A 没买到机票
   B 擅长滑雪
   C 要去哈尔滨
   D 是名导游

9. A 接孩子
   B 接待来宾
   C 开家长会
   D 去亲戚家

10. A 位于地下一层
    B 面积不小
    C 租金很贵
    D 不单独出售

11. A 步行进去
    B 向路人打听
    C 先倒车
    D 绕路走

12. A 参演的明星很多
    B 没收回成本
    C 剧本修改过多次
    D 很受年轻人欢迎

13. A 很虚心
    B 比较勤奋
    C 为人老实
    D 做事冷静

14. A 工作效率很高
    B 教学方法很特别
    C 很善良
    D 很勤奋

15. A 看话剧
    B 安装书橱
    C 参加宴会
    D 听报告

16. A 拿了设计大奖
    B 新建不久
    C 是用木头盖的
    D 里面很潮湿

17. A 评价很高
    B 许多明星参演
    C 还没上映
    D 获了大奖

18. A 餐厅
    B 酒吧
    C 公寓
    D 商场

19. A 是关于市场开发的
    B 还需修改
    C 得到了领导批准
    D 很多人不赞成

20. A 过敏了
    B 着凉了
    C 喝醉了
    D 失眠了

# 第二部分

第21-45题：请选出正确答案。

21. A 文章写得不错
    B 业余爱好很多
    C 在准备驾照考试
    D 下决心要参赛

22. A 咨询旅行社
    B 早点儿回复她
    C 赶紧办签证
    D 替她请假

23. A 弄坏了键盘
    B 写错地址了
    C 没收到包裹
    D 想退货

24. A 非常破旧
    B 正在重修
    C 是木结构的
    D 全被烧毁了

25. A 屋顶类型
    B 地板材质
    C 卧室风格
    D 墙纸颜色

26. A 居民消费状况
    B 急救常识
    C 环境满意度
    D 数码产品使用情况

27. A 家务活儿太多
    B 失恋了
    C 没找到工作
    D 担心论文写不完

28. A 地毯上
    B 书架旁
    C 窗帘后
    D 柜子里

29. A 报社
    B 机场
    C 俱乐部
    D 旅行社

30. A 营业时间
    B 收费标准
    C 无线网络
    D 软件名称

31. A 变得更小气
    B 被动消费
    C 追求名牌商品
    D 选东西更谨慎

32. A 货比三家
    B 以节约为本
    C 避免被商家左右
    D 尽量用现金

33. A 觉得丈夫很了不起
    B 希望儿子有前途
    C 有爱心
    D 很有学问

34. A 遇事征求孩子的意见
    B 鼓励孩子多动手
    C 常表扬孩子
    D 用自己的行动

35. A 培养孩子的独立性
    B 互相交流
    C 以身作则
    D 尊重孩子

36. A 有多种解释
    B 不爱思考
    C 怎么都想不明白
    D 觉得这样做很不礼貌

37. A 推销指南
    B 成交记录
    C 谈话内容
    D 商品信息

38. A 被他感动了
    B 其他人都推荐
    C 他的产品功能多
    D 可以免运费

39. A 量身高
    B 做调查问卷
    C 指出错误
    D 让他们发言

40. A 找借口请假
    B 互换座位
    C 往后面站
    D 和老师辩论

41. A 很用功
    B 是职业演员
    C 学历不高
    D 常腰疼

42. A 愉快感减弱
    B 很积极
    C 越来越不安
    D 更加兴奋

43. A 休假有助于减肥
    B 长假易使人孤单
    C 假期不易早起
    D 休短假更让人开心

44. A 待遇优厚
    B 商品都便宜
    C 规模大
    D 服务态度好

45. A 补回差价
    B 提高质量
    C 扩大销售
    D 降低成本

# 二、阅 读

## 第 一 部 分

第46-60题：请选出正确答案。

46-48.

　　长时间看电视，不但会损伤眼睛，还会使人体受到辐射，所以和电视保持一定的距离很有必要。那么，离多远才能将__46__降到最低呢？专家指出，与电视之间的距离应根据电视屏幕的大小来调整。最佳距离应该是屏幕对角线长度的4至6倍，但这样量有些费劲儿。其实还有一个简单的方法：面对电视伸直胳膊，横放手掌，使之与眼睛处于同一水平线，然后__47__上一只眼，慢慢调整身体与电视之间的距离，当手掌正好能把电视挡住时，那时站立的地方就是观看电视最佳的__48__。

46. A 缺点　　　B 意外　　　C 伤害　　　D 毛病
47. A 闭　　　　B 翻　　　　C 瞧　　　　D 放
48. A 位置　　　B 投资　　　C 程度　　　D 类型

49-52.

　　一位知名人士曾说："我把钱借给朋友，从来不指望他们还。因为我想，如果他没钱还不了，一定不好意思来；如果他有钱而不想还，也一定不会再来。那么我 __49__ 也就这一次，就当花点儿钱认清了一个坏朋友。朋友借钱，只要数目不大，我都会 __50__ ，因为朋友间应该有通财之谊。至于借出去之后，我从不催讨，是怕伤了 __51__ 的和气。因此，每当我把钱借出去时，总有种既借出去钱，又借出去朋友的感觉。 __52__ ，我便有一种金钱与朋友一起失而复得的感觉。"

49. A 吃亏　　　B 缩短　　　C 破坏　　　D 破产
50. A 提倡　　　B 答应　　　C 发表　　　D 发言
51. A 各自　　　B 彼此　　　C 任何　　　D 其余
52. A 哪怕他们不会还钱
　　B 而他们又找我借钱时
　　C 而每当他们把钱还回来时
　　D 虽然我还是会借钱给他们

53-56.

据说很久以前，黄山的鱼贩都是徒步千里之外的长江将鳜鱼运送到黄山地区售卖，__53__ 到了目的地，鳜鱼往往都已经腐烂了。没办法，鱼贩们只好在鱼身上撒一层盐，以防止鱼变质。没想到，这样腌制储存的鳜鱼，到了千里之外，颜色 __54__ 鲜亮如新，虽然表皮会散发出一种似臭非臭的特殊气味，但洗净后，经过热油烹调，__55__，反而鲜香无比。于是，便有了中国名菜"黄山臭鳜鱼"。

臭鳜鱼歪打正着，化腐朽为神奇，__56__ 了人间美味，令人称奇。

53. A 除非　　　　B 不过　　　　C 假如　　　　D 而且
54. A 依然　　　　B 偶尔　　　　C 偶然　　　　D 恐怕
55. A 最后生成了对人有益的微生物
　　B 吃起来非但无臭味
　　C 或许能够引起人们的注意
　　D 即使加上各种调料
56. A 促使　　　　B 于是　　　　C 构成　　　　D 成就

57-60.

有个造纸工人不小心弄错了配方，生产出了一批废纸。正当他对着那批废纸 __57__ 时，一位朋友劝他："任何事情都有两面性，你不如换个 __58__ 看看，也许能变废为宝。"听了朋友的话，他开始仔细研究那些废纸。他发现它们虽然不能用来写字，但吸水性 __59__ 好，甚至能吸干家具上的水滴。于是，他把那些纸切割成小块儿，取名"吸水纸"，拿到市场上去卖， __60__ 。后来，他自己成立了一家工厂，专门生产这种"吸水纸"，赚了不少钱。

57. A 强调　　　B 发愁　　　C 珍惜　　　D 争论
58. A 角度　　　B 规矩　　　C 原则　　　D 步骤
59. A 相当　　　B 简直　　　C 总算　　　D 稍微
60. A 却原来的老板指责
　　B 即使投入很多资金
　　C 技术越来越好
　　D 结果很受欢迎

# 第 二 部 分

第61-70题：请选出与试题内容一致的一项。

61. 森林能涵养水源，在预防水旱灾害方面的作用非常大。据统计，一片面积10万亩的森林，其蓄水量相当于一个200万立方米水库的储水量。正如俗话所说"山上多种树，等于修水库。雨多它能吞，雨少它能吐。"

    A 森林规模正在变小
    B 森林蓄水能力较强
    C 水库分布严重不均
    D 水库附近灾害多发

62. 家里精心种植的花草常会莫名其妙地枯萎，而野生植物却不管旱涝总能保持旺盛的活力。人也是一样，过于舒适的成长环境，容易消磨人的意志，让人止步不前。很多时候，苦难反而能让我们变得更强大。

    A 植物适应环境的能力非常强
    B 心情易影响工作效率
    C 艰苦的环境有助于人的成长
    D 压力大的人宜养植物

63. 大米中含有维生素、无机盐和蛋白质等营养成分，如果多次淘洗或者用热水冲洗，大米中的营养物质就会流失，若用手使劲儿地反复搓洗，营养物质则会流失得更多。因此，做米饭前一般只需将米轻轻淘洗两次即可。

    A 大米不宜反复淘洗
    B 大米的营养成分很难被吸收
    C 用热水煮饭更有营养
    D 大米容易保存

64. 衡山又称"南岳",是中国五岳名山之一,位于湖南省衡阳市。衡山的气候条件比其它四岳要好,山上林深树多,终年翠绿,到处生长着奇花异草,四季飘香,自然景色十分秀丽,因而它又有"五岳独秀"的美称。

    A 衡山早晚温差大
    B 衡山文化艺术气息浓厚
    C 衡山自然资源比较缺乏
    D 衡山的气候条件在五岳中最好

65. 生命是一段旅程,而不是一场竞赛。走得一帆风顺固然值得庆幸,但多走几段弯路也未必不是一种收获。多欣赏几段风景,就会多一些生活体验。人生之旅是否有意义、有价值,不在于起点或终点的输赢,也不在于途中的你追我赶,而在于沿途所见的风景,以及内心的那份感受与领悟。

    A 常旅行的人心胸开阔
    B 要多走弯路
    C 只赢不输的人生才精彩
    D 人生的意义在于经历与感悟

66. 武当山位于湖北境内,不仅自然风光雄伟奇特,而且拥有历史悠久的人文景观。有关武当山的传说、民谣、民俗等丰富多彩。它是中国"内家功夫"的杰出代表——武当拳的发源地,又是著名的道教圣地之一,因此被人称为"中国武术之乡""天下第一仙山"。

    A 武当山是中国功夫的发源地之一
    B 武当山自然资源丰富
    C 武当山上佛教建筑越来越多
    D 武当山的地理位置险要

67. 晴朗的日子里，我们会发现有时飞机从空中飞过，尾巴后面会拖着一条白色的带子。这种飞机一般是喷气式飞机，它们在高空飞行时，机尾会喷出大量气体，这些气体会跟空气中的水汽凝结成小水珠，远远看上去就像一条"白带子"。

    A 傍晚"白带子"最明显
    B 喷气式飞机的机尾特别长
    C "白带子"其实是小水珠
    D 喷气式飞机对空气污染大

68. 一项研究称，一个人要掌握某项技能成为专家，需要不断地练习一万个小时；要把一份工作做得得心应手，差不多需要9年。所以如果你现在尽力了，但还是做得不够好，那说明你花的时间还不够。多一点儿耐心，多给自己一点儿时间，相信成功会离你越来越近。

    A 成功需要一定时间的积累
    B 要热爱自己的工作
    C 成功的标准很多
    D 要合理分配时间

69. 自信心不足的人往往不够放松，走路常会低头弓背、无精打采。而自信的人走路一般昂首挺胸，速度较快，且有节奏，因为他们目标明确，对要去的地方、要见的人和要做的工作都心中有数。因此，心理专家建议，如果你不够自信，可以通过练习快步走来提高自信心。

    A 练习快走能增强自信
    B 走路能够锻炼全身
    C 走路慢显得不礼貌
    D 走路要注意调整呼吸

70. 某报社进行了"人类最糟糕的发明"评选活动,"荣获"此称号的就是我们每天大量使用的塑料袋。塑料袋之所以"糟糕",是因为自然界的光、热和细菌等都很难将其降解。处理废弃塑料袋往往只能用土填埋或用火烧,但是填埋他们的土地,将很难再长出庄稼或树木;而焚烧塑料袋产生的有害烟尘和有毒气体,会对大气造成污染。

A 塑料袋不易处理
B 保护环境是每个人的义务
C 要鼓励发明创造
D 塑料袋结实耐用

# 第 三 部 分

第71-90题：请选出正确答案。

71-74.

李安进公司两年了，工作尽职尽责，从来没受过批评。

可有一天，他忍不住去找经理理论："经理，我在公司这两年，没出过任何差错，没得到提拔。小罗才来公司半年，我们干一样的工作，他却升了部门主任，这不公平。"

经理思考了一下，对他说："我一会儿再向你解释。我正要给大家准备午餐水果，街道拐角处就有一家水果店，你帮我看看那里有没有桔子。"李安出去很快就回来了。

经理问他："那里有桔子吗？""有。""多少钱一斤？""啊？这个我没问。""桔子多不多？够我们员工吃吗？""我没注意。""那里还有其它水果吗？""好像有，但……""没事，你先坐下稍等一会儿。"

经理打电话叫来了小罗，并给了他与李安同样的任务。15分钟后，小罗回来了，经理问他："小罗，那里有桔子吗？"

"经理，那里有桔子，足够我们员工吃一顿，每公斤三块钱。店主说如果买得多，可以给8%折扣。另外，那里还有香蕉、木瓜等水果。我已经预定了桔子，如果您还想要其他水果，我再去一趟。"

经理转向身旁一脸惊讶的李安，问道："你还有什么疑问吗？"李安红着脸说："经理，我明白了，抱歉。"

71. 李安为什么觉得不公平？

　　A 他常被派去外地出差

　　B 小罗奖金比他多

　　C 他认真工作却没有升职

　　D 经理对他总是不耐烦

72. 经理让李安做什么?
    A 去水果店看有无桔子
    B 同水果店老板谈合作
    C 买午餐
    D 为宴会做准备

73. 关于小罗,可以知道:
    A 经理很欣赏他          B 不会讨价还价
    C 觉得特别委屈          D 进公司比李安早

74. 李安最后明白什么了?
    A 不要害怕吃亏
    B 要勇于承认错误
    C 做事要专心
    D 考虑问题要全面

75-78.

　　坐在你身旁的同事是否总是不停地抱怨工作环境不好或是工作压力太大？在他们抱怨时，你是否会耐心地倾听呢？如果是，那你可不只是在听别人讲而已。事实上，在倾听的过程中，你也会不知不觉地被他们的压力所"传染"。

　　心理学家发现，压力就像感冒一样会传染，这种"二手"的压力和焦虑情绪可以在工作场所迅速蔓延。因为人们能够以惊人的速度模仿他人的面部表情、声音和姿势，从而对他人的情绪感同身受。我们其实都是"海绵"，可以吸收周围人散发出的感染性的情绪。而在吸收他人压力的同时，我们自己也开始感受到压力，并会不自觉地去关注那些可能会困扰我们的问题。

　　为什么别人的压力会传染给我们？这是因为，一方面，我们吸收朋友或同事的压力是为了和他们打成一片；另一方面，持续灌进我们耳中的不满的声音，也会让我们开始产生消极的想法。

　　研究者发现，我们不仅会接受他人消极的思维模式，还会下意识地模仿他们在压力下的身体语言，这导致我们在交谈时会与他们一样弓起背、皱起眉。另外，女性遭遇"二手压力"的风险更大，因为她们往往更容易与他人产生共鸣。

75. 为什么说"我们其实都是'海绵'"？
　　A 有很强的适应性
　　B 学习能力强
　　C 抗压性强
　　D 会吸收别人的情绪

76. 第3段中的画线词语"打成一片"，是什么意思？
　　A 争论　　　　　　　B 吵架
　　C 搞好关系　　　　　D 相互支持

77. 根据第4段，下列哪项正确？
    A 女性喜欢模仿
    B 身体语言与年龄有关
    C 人的思维方式很难改变
    D 女性更容易受他人影响

78. 最适合做上文标题的是：
    A 倾诉的力量
    B 海绵效应
    C 会传染的压力
    D 你能读懂表情吗

79-82.

在老家，香椿树几乎随处可见。每到春天，树上就会长出浓密的嫩芽，香椿被称为"树上蔬菜"，用它的嫩芽做成的菜肴是不可多得的美味。

一天，父亲用把刀把院子里的几棵香椿树顶端的枝条给割了下来，我很奇怪：长得好好儿的，为什么要把顶梢割掉？顶端的枝条不也能长出很多香椿芽吗？割掉了多可惜。

父亲见我一脸疑惑，笑着解释说："香椿树不仅嫩叶可以当蔬菜吃，同时也是一种优质的木材，人称'中国桃花心木'。它纹理美丽，质地坚硬，且不易变形，是做家具还有造船的上好材料。"

"这和留不留顶梢有什么关系呢？"

"这就看你想要什么了，去掉顶梢的香椿树，营养都给了嫩芽，嫩芽便会又多又肥；留着顶梢，香椿树会一直往上长，将来就能成为好木材。"

"难道去掉顶梢就成不了木材了吗？"

"你见过哪一棵结果实的树，长成了参天大树？指望吃果子，就别想成为木材；指望树成为木材，就别期待它能结果子。树跟人一样，精力是有限的。"

嫩芽与木材，我们只能选择其一。树犹如此，人亦然。一个人，不可能同时坐上两只船。选择这只，就得放弃另一只，不能太贪心。

79. 关于香椿树，可以知道什么？
   A 树根非常发达
   B 喜欢湿润的气候
   C 嫩芽可食用
   D 内部是空心的

80. 根据上文，下列哪项是香椿树木材的特点？
   A 不易变形           B 香味浓
   C 重量重             D 木质粗糙

81. 根据第5段，可以知道：
    A 营养不足导致树木生长慢
    B 树越高越难成活
    C 香椿树分布范围较小
    D 去掉顶梢的香椿嫩芽更肥

82. 上文主要想告诉我们：
    A 要学会取舍
    B 目标要远大
    C 做事要考虑后果
    D 要坚持自己的梦想

83-86.

母亲问她5岁的女儿："如果妈妈和你一起出去玩儿，咱们俩都渴了，但是又没带水，而你的小书包里恰巧有两个苹果，你会怎么做呢？"女儿歪着脑袋想了想，说："我会把两个苹果各咬一口。"

母亲听后微微一怔，以为女儿是想把两个苹果据为己有，不由得感到一丝失望，她本想训斥女儿一番，可就在话即将说出口的那一刻，她忽然改变了主意。她摸摸女儿的小脸，温柔地问："能告诉妈妈，你为什么要这样做吗？"

女儿眨眨眼睛，天真地说："因为我要先尝一尝，看看哪个更甜，然后把最甜的那个给妈妈吃！"那位母亲听了心头一暖，非常感动。

我们应该为那位母亲感到庆幸，因为她对女儿的宽容和信任，使她感受到了女儿的爱；我们也为女孩儿感到庆幸，因为母亲给了她说完话的机会。

即使是最亲密的家人之间也会产生误解，只有耐心倾听才能消除误会，爱一直都在，只是有时候它看不见、摸不着。耐心一点儿，从倾听开始，给爱一个展露真实面貌的机会。

83. 母亲一开始听到女儿的回答，觉得：

A 特别高兴
B 一点儿都不奇怪
C 特别委屈
D 有些失望

84. 女儿为什么想把两个苹果各咬一口？

A 看是不是坏了
B 想做个记号
C 要选一个甜的
D 舍不得吃

85. 关于那位母亲，可以知道：
    A 非常细心
    B 对女儿比较有耐心
    C 答应了孩子的要求
    D 追求完美

86. 上文主要想告诉我们什么？
    A 要学会多角度看问题
    B 要维护孩子的自尊心
    C 要学会倾听
    D 要多体贴父母

87-90.

　　人类习惯躺着睡觉，即使在某些特殊情况下能坐着入睡，但也总会睡得东倒西歪的。与人类不同，鸟类大都是以双足紧扣树枝的方式"坐"在数米高的树上睡觉的，而且从不会跌落下来。这是为什么呢？

　　一位鸟类学家解释说，人类和鸟类的肌肉作用方式有很大的区别，尤其是在进行"抓"这一动作时，更是完全相反。二者相比较，人类是主动地去抓，鸟类则是被动地去抓。当人类想要抓住某样东西的时候，需要用力使肌肉紧张起来。而鸟类只有在要松开所抓的物体时，肌肉才会紧张起来。也就是说，当鸟类飞离树枝时，其爪子的肌肉呈紧张状态，而当它"坐"稳之后，肌肉便松弛下来，爪子就自然地抓住树枝了。

　　这位鸟类学家还介绍说，不同的鸟睡眠时间也大不相同。鸫属的鸟基本上一天只睡1到3个小时；啄木鸟等穴洞孵卵鸟类睡眠时间最长，大约要睡6个小时。

　　另外，他还指出，同人类相比，鸟类没有"深度睡眠"这一阶段，它们所谓的睡眠只是进入了一种"安静的状态"而已，因为它们必须警惕随时可能出现的天敌，以便及时地飞走逃生。

87.　鸟类大多是怎样睡觉的？

　　A　躲在洞里

　　B　倒挂在树枝上

　　C　东倒西歪地躺着

　　D　"坐"在树枝上

88.　人类和鸟类的睡眠方式不同，是因为：

　　A　大脑结构不同

　　B　骨骼构成不同

　　C　饮食习惯不同

　　D　肌肉作用方式不同

89. 根据第3段，下列哪项正确？
    A  很多鸟喜欢在晚上睡觉
    B  啄木鸟的睡眠时间很长
    C  鸫属的鸟每天要睡6个小时
    D  鸟类的睡眠时间和季节有关

90. 鸟类为什么没有"深度睡眠"？
    A  为了保存体力
    B  为了保持警觉
    C  周围环境太吵
    D  怕错过捕食时间

# 三、书 写

## 第 一 部 分

第91-98题：完成句子。

> 例如： 发表　　这篇论文　　什么时候　　是　　的
>
> <u>这篇论文是什么时候发表的?</u>

91. 透明的　　结实　　雨伞　　这种　　吗

92. 那文件　　保存　　硬盘里了　　到　　我把

93. 邀请了　　很多　　此次开幕式　　明星

94. 这部　　小说是　　作品　　之一　　他的代表

95. 利息　　此次贷款　　上调了　　百分之二

96. 退休　　的　　爷爷是　　去年

97. 设计　　这把锁的　　巧妙　　极其

98. 对身体　　熬夜　　伤害　　极大

# 第 二 部 分

第 99-100 题：写短文。

99. 请结合下列词语（要全部使用），写一篇80字左右的短文。

　　最初、状态、习惯、克服、坚持

100. 请结合这张图片写一篇80字左右的短文。

# 녹음 스크립트

# 〈제1회〉 녹음 스크립트

(音乐，30秒，渐弱)

大家好！欢迎参加 HSK(五级)考试。
大家好！欢迎参加 HSK(五级)考试。
大家好！欢迎参加 HSK(五级)考试。

HSK(五级)听力考试分两部分，共45题。
请大家注意，听力考试现在开始。

# 第 一 部 分

第1到20题：请选出正确答案。现在开始第1题：

1. 女：这个花瓶非常好看！是哪个朝代的？
   男：好像是清代的。但是我不太确定，问问博物馆的解说员吧。
   问：他们最可能在哪儿？

2. 男：你的移动硬盘空间不够，这部电影放不下了。
   女：先等一会儿吧，我把里面看完的电影都删掉。
   问：移动硬盘怎么了？

3. 女：晚上有演出，一起去看吧？
   男：不好意思，还是你们去吧。我得写实验报告。
   问：男的为什么不去看演出？

4. 女：这条围巾手感真好，摸着很柔软。
   男：那当然了，这是我在"丝绸之乡"湖州买的围巾。
   问：女的觉得围巾怎么样？

5. 男：这次夏令营活动的主题是什么？
   女：农村体验，让学生体验农村生活，培养他们适应环境的能力。
   问：这次活动想培养学生哪方面的能力？

6. 女：请问，取网上预订的飞机票要带什么证件吗？
   男：带着身份证就行。
   问：取飞机票需要带什么？

7. 男：麻烦您，把这两副象棋分开包装吧。
   女：好的。您先去结账，我就给您包装。
   问：根据对话，下列哪项正确？

8. 女：舅舅给你打电话，你怎么没接呀？
   男：对不起，没听见。因为刚才我在开会，手机调成了震动。
   问：男的刚才在做什么？

9. 女：听说单位附近新开了一家川菜馆，我们去尝尝。
   男：我最近嗓子疼，不能吃辣椒，改天去吧。
   问：男的怎么了？

10. 男：那个关于新能源开发的纪录片，在哪个频道播？
    女：科学频道。每周六晚上九点开始。
    问：关于那个纪录片，可以知道什么？

11. 男：逃避不能解决问题，你得勇敢地去面对。
    女：你说得对，我会正式面对这个问题的。谢谢！
    问：男的建议女的怎么做？

12. 女：先生，您好。您要办理什么业务？
    男：我要开通余额变动短信提醒的功能。
    问：男的要办理哪项业务？

13. 男：我初来此地，对很多情况都不太了解，请您多帮忙。
    女：有什么事你尽管说，我一定会尽量帮助你的。
    问：女的是什么意思？

14. 女：你觉得哪张照片拍得最好？我想选一张挂在墙上。
    男：左边这张吧，表情比较自然。
    问：男的为什么选那张照片？

15. 女：您教我打太极拳，好吗？
    男：好，不过你可不能"三天打鱼，两天晒网"。你一定要坚持到底。
    问：男的是什么意思？

16. 男：真让人意外，你居然选了这所大学。
    女：我对建筑设计很感兴趣，他们的这个专业在全国排名第一。
    问：女的为什么选择那所学校？

17. 男：我和朋友约好了去钓鱼，你也一起去吧。
    女：外面太晒了，而且我也对钓鱼没有兴趣。我想在家休息。
    问：女的是什么意思？

18. 男：听说单位要在春节前，举办一次职业培训？
    女：对，还专门邀请几位这方面的专家呢。
    问：培训将在什么时候举行？

19. 女：你还记得你第一次演出时的情景吗?
    男：当然记得，当时舞台下坐满了人，我心里紧张得要命。
    问：男的第一次演出时心情怎么样?

20. 男：下午，学校图书馆有一场关于现代文学的讲座，你有没有兴趣?
    女：几点开始? 我三点还有一节历史课。
    问：根据对话，可以知道什么?

# 第 二 部 分

第21到45题：请选出正确答案。现在开始第21题：

21. 女：你汉语说得真流利!
    男：我是华裔啊，我父母都是中国人，但他们很早就移民了。
    女：那你的汉语都是父母教的?
    男：我的汉语是跟辅导老师学的。
    问：根据对话，下列哪项正确?

22. 女：你昨晚去医院了吗?
    男：我昨天晚上突然胃疼，就去医院看了急诊。
    女：医生怎么说? 说是饮食不规律导致的吧?
    男：对，让我平时注意按时吃饭。
    问：男的昨晚怎么了?

23. 女：听说你在单位的运动会上获得了短跑冠军?
    男：对，我那天状态比平时更好，充分发挥实力了。
    女：恭喜恭喜，有奖品吧?
    男：当然有，是一部数码相机。
    问：冠军的奖品是什么?

24. 男：好看的纪录片推荐一下。
    女：《微观世界》就挺有意思的。是关于昆虫生活的。
    男：是哪个频道播放的?
    女：科教频道放的,你上网搜一下。
    问：那部纪录片是关于什么的?

25. 女：小李,听说你的毕业作品主题是环境保护?
    男：对,我的作品所用的材料的大部分都是一些废弃的生活用品。
    女：都用了什么东西?
    男：塑料袋、旧光盘、和矿泉水瓶什么的。
    问：小李的作品是用什么做的?

26. 女：你中秋节坐飞机回家吗?
    男：往返机票没买到,我打算开车回去。
    女：那得很长时间吧? 长途驾驶挺辛苦的。
    男：需要大概5、6个小时,我和弟弟轮流开车。
    问：根据对话,下列哪项正确?

27. 女：这些服装都是今年的新款,您随便看看。
    男：这些大部分都是正装,我想买套休闲的。
    女：休闲的在后边的货架上,您想要什么颜色的?
    男：蓝色的吧。
    问：男的想要哪种衣服?

28. 女：你有没有今天上午讲座的录音?
    男：有,班级的网页里都有,你没下载?
    女：我已经试了,但网速太慢,下不了。
    男：那你用优盘直接从我电脑拷吧。
    问：女的为什么不能下载录音?

29. 男：你这是不是在上网络课程?
    女：是。我报了一个数学班。
    男：在网上听课好吗?
    女：挺好的，能反复听。信息也多，还能自由安排学习时间。
    问：女的觉得网络课程有什么优点?

30. 女：你以前想过自己会获得世界冠军吗?
    男：没有。我就是喜欢游泳而已，没抱着一定要赢的念头。
    女：那您觉得，以前做运动员和现在做教练有什么不同?
    男：肩膀上的担子更重了，我希望能多培养些优秀的运动员。
    问：关于男的，可以知道什么?

第31到33题是根据下面一段话：

有个年轻人一直抱怨自己太穷，总是闷闷不乐。一天，有位老人问他："小伙子，你已经拥有最宝贵的财产了，为什么还不满足呢?"年轻人摇着头说："我身无长物，哪有财产?""如果我给你很多宝物，你愿意把眼睛换给我吗?""不，我不换。没了眼睛我怎么看东西呀?""那把你的双手给我，我赔你一袋黄金啊!""不，我的手也不能换。"老人听后笑着说："有眼睛，你就能欣赏美丽的风景。有双手，你就可以体会劳动的快乐。这些不都是你拥有的宝贵财产吗?"其实，我们每个人都很富有，懂得满足，珍惜自己所拥有的，才能感到快乐。

31. 年轻人为什么总是闷闷不乐?
32. 那位老人想用什么换年轻人的双手?
33. 这段话主要想告诉我们什么?

第34到36题是根据下面一段话：

　　某大学的研究人员做了一个实验。他们虚构了甲乙两名求职者，并给他们做了两份完全一样的简历，推荐信也大部分都相同。唯一的区别是，甲的推荐信中多了一句话——"有时候甲比较固执，很难说服他"。研究人员把两人的简历和推荐信发给了一些大公司的人事主管。结果他们选择的都是甲。为什么有缺点的甲反而更受欢迎呢？原来推荐信中尽管指出了甲的缺点，但也使人事主管们觉得，推荐信中对甲的赞美更为可信。因此，甲更有优势。

34. 两封推荐信有什么不同？
35. 主管们为什么选择甲？
36. 关于那个实验可以知道什么？

第37到39题是根据下面一段话：

　　有个人想学一门手艺，想来想去觉得雨伞人人都要用，就去学习制作雨伞。学成后，他回了家乡开了一家雨伞店。可是一连几个月都没下雨，雨伞也卖不出去。他一气之下，就将做雨伞的工具都扔掉了。这时他发现，街上很多人在询问，哪儿卖水车。于是，他又去学习制作水车。可没想到，学成后，接连下了好几场大雨，水车又用不着了。后来，他想：'做雨伞和水车的工具都是铁做的，我何不去学打铁呢？'。只可惜，此时的他，已经没有力气举起打铁的大锤了。做事的时候常常三心二意的人，什么都得不到。

37. 那个人最开始学的是哪种手艺？
38. 为什么水车又用不着了？
39. 这段话主要想告诉我们什么？

第40到41题是根据下面一段话：

　　"站立式会议"是一种新型的会议方式。它是人们站着开会而不是坐下来的。"站立式会议"一方面有效地提高了会议效率，缩短了会议时间，另一方面对人们的身体健康更有利。进行"站立式会议"要严格控制时间，开会时要直奔主题，避免闲谈，并尽量在十五分钟内得出结论。要是会议时间过长，可能会影响职员的情绪。

40. "站立式会议"有什么优点？
41. "站立式会议"需要注意什么？

**第 42 到 43 题是根据下面一段话：**

　　　驾车要尽量避开三个危险时段。一是凌晨1点至3点，这段时间人的血压降低，大脑反应比较迟钝，容易发生交通事故。二是上午11点至下午1点，这时候，人通常会出现短暂的疲劳感，注意力也容易分散。三是下午5点至傍晚7点，黄昏时分，光线由明转暗，容易导致司机判断失误，导致安全事故。

42.　为什么要避免在下午5点至傍晚7点开车？

43.　这段话主要谈的是什么？

**第 44 到 45 题是根据下面一段话：**

　　　小赵是一个刚入职的警察。一天，他在街上巡逻时，看见一个人夹着公文包，跑得很快，险些撞到路人。小赵刚想叫住他，却见他朝自己的方向望了一眼，然后跑得更快了。小赵顿时觉得事情不对，就立刻追上去抓住了那个人。那人吃惊地问："你为什么抓我？"，小赵严肃地回答："你跑什么？"，那人指着刚开走的汽车说："我在赶公司的末班车呀。"

44.　那个人为什么跑那么快？

45.　关于小赵，下列哪项正确？

听力考试现在结束。

# 〈제2회〉 녹음 스크립트

(音乐，30秒，渐弱)

大家好！欢迎参加 HSK(五级)考试。
大家好！欢迎参加 HSK(五级)考试。
大家好！欢迎参加 HSK(五级)考试。

HSK(五级)听力考试分两部分，共45题。
请大家注意，听力考试现在开始。

# 第 一 部 分

第1到20题：请选出正确答案。现在开始第1题：

1. 男：天气预报说明天还要降温。
   女：对，据说有股冷空气正从北方过来。
   问：天气预报说明天天气会怎么样？

2. 男：我们昨天买的那本小说，描写的都是普通老百姓的日常生活，挺真实的。
   女：是的，感觉里面的故事好像就发生在身边，很熟悉。
   问：他们买的小说有什么特点？

3. 女：听李总说今年公司的利润不错。
   男：是，今年市场规模扩大了，再加上钢铁等原料的价格下降，利润也就提高了。
   问：男的认为利润提高的原因是什么？

4. 男：听说这期节目的嘉宾是著名的心内科专家。
   女：是吗？那我得让我舅舅看看，他心脏不太好。
   问：女的想让谁看节目？

5. 男：儿童节，我们送女儿什么礼物好呢？
   女：象棋吧。那天她在姥姥家玩儿，回来就吵着要我买一副呢。
   问：他们打算送女儿什么？

6. 女：新产品月底就要投入市场了，宣传工作就交给你们部门了。
   男：好的。宣传方案我们会尽快做好的。
   问：男的负责哪方面的工作？

7. 女：你看，从这儿能看到山下整个村庄。
   男：是，薄薄的雾气让村子看上去像仙境一样。真美！
   问：根据对话，下列哪项正确？

8. 女：我不小心把一份重要文件给删了，能恢复吗？
   男：不用担心，我帮你下载一个恢复数据的软件。
   问：根据对话，下列哪项正确？

9. 男：国庆节，你有什么打算？
   女：去趟杭州，我本科时最好的朋友在那儿举办婚礼。
   问：女的去杭州做什么？

10. 男：小王怎么了？听他说话的语气好像不太高兴。
    女：他申请的研究项目没被批准，所以情绪有点儿低落。
    问：小王为什么情绪不好？

11. 女: 这块地毯没什么特别的呀，可是太贵了！
    男: 这可是纯手工制作的，而且使用的材料也很高档。
    问: 那块地毯为什么贵?

12. 女: 你确定要做新能源方面的论文了?
    男: 确定了，这将是我今后研究的主要方向。
    问: 论文是关于哪方面的?

13. 女: 昨晚的决赛真激烈，为了拿冠军，双方真是拼劲了全力。
    男: 是啊！我还真没想到，你也是个球迷。
    问: 关于女的可以知道什么?

14. 男: 这个装修方案您还满意吗?
    女: 其他都不错，就是阳台的门，我想换成玻璃的推拉门。
    问: 女的对哪儿的设计不满意?

15. 男: 你去医院了吗? 医生怎么说?
    女: 说我的肩膀不太好，是长期使用电脑导致的，让我平时注意调整坐姿。
    问: 大夫建议女的怎么做?

16. 女: 这里的空气真湿润，感觉皮肤都比以前光滑了。
    男: 可是有一点不好，就是衣服很难晾干。
    问: 他们觉得那里怎么样?

17. 男: 这部电子书能下载吗?
    女: 不能直接下，不过进入阅读模式后，你可以复制文字。
    问: 男的想要做什么?

18. 女：爸爸您小心点，台阶上有水，很滑。
    男：好的。我去花草市场逛一逛，你和你奶奶说一声。
    问：女的提醒爸爸什么？

19. 男：手机都充了一夜了，怎么还是没电？
    女：充电器没插好，你看这里都松了。
    问：手机为什么没电？

20. 男：你觉得自己应聘编辑的优势是什么？
    女：我在杂志社实习过，有经验，我做事也比较细心，适合做文字方面的工作。
    问：女的认为自己的优势在哪儿？

# 第 二 部 分

第21到45题：请选出正确答案。现在开始第21题：

21. 男：这个公寓有120多平米吧？
    女：差不多，我当初就是因为它面积大才租的。
    男：你们几个人合住，相处得怎么样？
    女：四个，关系很密切。
    问：女的觉得那个公寓怎么样？

22. 男：这些手工艺品都是你收藏的？
    女：是的，大部分是从小商品批发市场买来的。
    男：这个小鸟模型做工真精细，跟真的似的。
    女：对，它翅膀上的羽毛据说是一根一根粘上去的。
    问：男的觉得那个小鸟模型怎么样？

23. 女：你有昨天讲座的录音吗?
    男：有，班级的公共邮箱里就有，你还没下载?
    女：我刚试了，但网速太慢，下不了。
    男：那你用移动硬盘直接从我这儿拷吧。
    问：女的为什么不能下载录音?

24. 男：你们家乡办婚礼时有什么特别的风俗吗?
    女：很多呀，比如说，姑娘出嫁前一晚，家里的长辈会帮她梳头发，边梳边说一些祝福的话。
    男：这有什么特殊的含义吗?
    女：就是希望她的结婚生活顺顺利利。
    问：他们在谈什么?

25. 女：你怎么突然想买钢琴了?
    男：是给我女儿的，她想要学。
    女：我知道一家乐器店，那儿的小钢琴质量不错，价格也合理。
    男：太好了，你把它的具体地址告诉我吧。
    问：男的想知道哪儿的地址?

26. 男：我今天碰到李老师了，就是咱们高中的数学老师。
    女：是吗? 好多年没见她了。她现在怎么样?
    男：她已经退休了，看上去身体不错，精神也很好。
    女：改天我们一起去看看她吧。
    问：关于李老师，可以知道什么?

27. 男：您这次设计的服装作品跟之前有很大的不同。
    女：是的，我这次选择了更为大胆的色彩搭配。
    男：您为什么要做出这样的改变呢?
    女：我想挑战自己，尝试新的风格。
    问：女的为什么要改变作品风格?

28. 女：您好，我想问一下，能带小狗上飞机吗？
    男：宠物不能直接带上飞机，您需要办理托运。
    女：那托运手续怎么办？
    男：需要提供宠物健康证明，您得带宠物去检查一下。
    问：女的在咨询什么问题？

29. 男：请问，现在能预订晚上的座位吗？
    女：可以，您贵姓？几位？
    男：我姓王，两位，大概7点半到。麻烦给我留个靠窗的位置。
    女：好，我们最晚给您保留到8点。请尽早过来。
    问：男的在做什么？

30. 女：厨房有根水管漏水了。
    男：赶紧给物业公司打个电话，让他们派人来修。
    女：打过了，他们说维修师傅一个半小时后才能到。
    男：这么久，那你把工具箱拿来，我先看看吧。
    问：男的是什么意思？

**第31到33题是根据下面一段话：**

　　两个孩子不小心碰到桌子，大哭起来。第一位母亲立即伸手打桌子，然后哄孩子说："乖，别哭。"第二位母亲则启发孩子："人会撞上桌子，一般有三个原因，一是跑得太快，二是不注意看路，三是在想别的事情。你刚才是因为什么呢？"桌子不会主动撞人，伸手打桌子，就等于告诉孩子那不是你的错。在这种教育方式下长大的孩子，容易推卸责任。而第二位母亲则是在教育孩子，出错了应该先从自身找原因，要敢于承担责任，不要一味地指责别人。

31. 孩子碰到桌子后，第一位母亲做了什么？
32. 第二位母亲是怎么做的？
33. 第二位母亲实际上是教育孩子要怎么样？

第34 到 36 题是根据下面一段话：

　　某公司招聘时，只问了应聘者一个问题："你怎么看待加班？"最后，一位年轻人脱颖而出。他的回答是这样的："首先，如果是工作需要，我会主动加班。因为公司的利益就是我的利益。其次，我会考虑如何提高我的工作能力，尽可能减少不必要的加班。最后，如果我经常被领导要求加班，那说明这是我个人的问题。"后来，有人问面试官，面试中有很多比他更优秀的人，为什么最后却决定录用他呢？面试官笑着说："不错，的确还有比他更优秀的，但是这么多人中，懂得自我批评，不找借口，而主动从自身找原因的人，只有他一个。"

34. 那家公司问应聘者的问题是什么？
35. 下列哪项是那个年轻人的观点？
36. 面试官觉得那个年轻人的优势在哪儿？


第37 到 39 题是根据下面一段话：

　　雄孔雀的尾巴张开时，就像一把大扇子。特别漂亮！所以它们都非常爱惜自己的尾巴。当它们想要休息时，总是先选好位置放好尾巴，然后才安心休息。孔雀警惕性高，人不易接近。但每逢暴雨天，孔雀担心被雨水淋湿后走动会把尾巴弄脏，就一动不动地趴在原地。即使人们走到它们的面前，它们也仍然不动。唯恐损坏了自己漂亮的尾巴。这时，它们很容易被人抓到。有时候，我们太关注自己的优点，反而容易被敌人利用。

37. 关于孔雀，可以知道什么？
38. 孔雀一般在什么天气下容易被抓？
39. 这段话主要想告诉我们什么？


第40 到 41 题是根据下面一段话：

　　在图书馆看书，一方面，可以尽量减少外界对我们的干扰，使我们的精力更集中。另一方面，我们看到他人努力学习的样子，往往能激发自身的竞争意识，也会不自觉地开始努力。心理学家将这种现象称为"社会助长效应"。实验证明，在竞争的气氛中，任务执行的效率会比较高。因此，想要消除杂念，提高学习效率，去图书馆是一个好办法。

40. 根据这段话，在图书馆看书有什么优点？
41. 人们在竞争的环境中做事会怎么样？

第42到43题是根据下面一段话：

泥浆足球，是一项在泥浆场地中进行的足球比赛。每队派出6人参赛，其中必须有一名女球员。出场前还很整洁的球员，结束比赛后，一个个都变成了泥人。在泥泞中踢球，小腿的肌肉很容易变得酸痛无力。因此，这项比赛更看重耐力，球员得坚持到底。由于比赛规则简单，没有越位、罚球线等规定的限制。这项运动，现已成为人们释放压力展现自我的一种方式。

42. 泥浆足球赛，对球员有什么特别的要求？
43. 关于泥浆足球赛，下列哪项正确？

第44到45题是根据下面一段话：

有位画家很有天赋，但没什么名气。好不容易参加了画展，他的作品却无人过问。一位画商朋友认定他很有才华，就专门跑到画展上，装作很惊喜的样子，对别人说："很多人都让我帮忙找这位画家的画儿，没想到竟然在这里找到了。"画商就用这个办法不断给画家做宣传。就这样，这位画家逐渐被人们所熟知，变得有名了。

44. 画商在画展上说了什么？
45. 那位画家后来怎么样了？

听力考试现在结束。

# 〈제3회〉 녹음 스크립트

(音乐，30秒，渐弱)

大家好！欢迎参加HSK(五级)考试。
大家好！欢迎参加HSK(五级)考试。
大家好！欢迎参加HSK(五级)考试。

HSK(五级)听力考试分两部分，共45题。
请大家注意，听力考试现在开始。

# 第 一 部 分

第1到20题：请选出正确答案。现在开始第1题：

1. 女：你看看外面起雾了，不知道我们的飞机会不会延误。
   男：别担心，这雾不算大。现在还没听说有航班被推迟。
   问：女的担心什么？

2. 女：下一场比赛你们的对手都是体育大学的？
   男：对，他们实力挺强的，我们在加紧训练呢。
   问：男的觉得对手怎么样？

3. 女：参会的专家都到了，我们开始吧。
   男：播放设备突然出了点儿问题，还在调试，稍等几分钟。
   问：会议为什么还不能开始？

4. 女：我要出差几天，你能帮我照顾一下我的小猫吗？
   男：真不好意思，我对动物皮毛过敏，一碰到就打喷嚏。
   问：关于男的可以知道什么？

5. 女：你见小张了吗？主任有事要我转告他。
   男：我才在门口碰见他了，我让他去印刷厂拿宣传册。
   问：小张最可能去哪儿了？

6. 女：这组家具不错，跟我家的装修风格挺像的。
   男：的确是，而且这个书柜很结实，正好可以把我的书都装下。
   问：男的认为书柜怎么样？

7. 女：医生，我姑姑现在情况怎么样？
   男：手术很顺利，病情基本稳定了。不过还要留院再观察几天。
   问：姑姑怎么了？

8. 男：咱们实验室的那几台设备太旧了。
   女：你说得对，应该跟王经理申请换几台新的。
   问：关于设备，下列哪项正确？

9. 男：小刘，有把握拿下这个项目吗？
   女：我也不敢保证，尽我最大努力吧，争取谈成。
   问：女的是什么意思？

10. 女：我怎么又输了？咱们再下一盘。
    男：你下象棋可不是我的对手，不管再下几盘结果都一样。
    问：男的是什么意思？

11. 女：展会现在急需人手，能从你们部门借个人过来帮忙吗？
    男：可以，新来的实习生小张真不错，头脑灵活，人也勤奋，让他过去吧。
    问：男的觉得小张怎么样？

12. 男：明晚的开幕式你能来吗？
    女：不好意思，我去不了，单位让我明天去外地采访。
    问：女的为什么不能参加开幕式？

13. 女：这里风景真美！找人帮我们照个合影？
    男：好啊！前面有个小姑娘，就找她吧。
    问：他们想找人做什么？

14. 女：我的电脑开机太慢了，是不是得重新安装一下系统？
    男：不用，是自动启动的程序太多了，关几个就行了。
    问：男的建议女的怎么做？

15. 男：这条围巾真不错，多少钱？
    女：不好意思。这是非卖品，您可以用购物卡的积分兑换。
    问：关于那条围巾，下列哪项正确？

16. 女：那个项目谈得怎么样了？什么时候能签合同？
    男：谈判已经到最后一个阶段了，不出意外的话明天就能签。
    问：关于那个项目，下列哪项正确？

17. 男：您看看，您的车停歪了，后面的车进出不太方便。
    女：对不起，我刚学会开车，还不太熟练，我再重新停一下。
    问：女的要做什么？

18. 女：这个小区后面有个医院，附近还有大型超市，而且出门走几分钟就是地铁站。
    男：地理位置是不错，可惜价格有点儿高，我再考虑一下。
    问：男的觉得那个小区怎么样？

19. 女：多吃点儿蔬菜，这样营养才能均衡。
    男：好，您别给我夹菜，您也多吃点儿。
    问：女的希望男的怎么做？

20. 女：你大学毕业后直接读研究生的吗？
    男：不是。我先在法院工作了一年，然后才考研的。
    问：关于男的，下列哪项正确？

# 第 二 部 分

第21到45题：请选出正确答案。现在开始第21题：

21. 男：你怎么了？胃口不好？
    女：不是，这家饭店的菜太咸了，我有些吃不惯。
    男：是吗？我觉得还行。看来你口味比较清淡。
    女：对。我从小跟着奶奶生活。她做菜很清淡。
    问：女的觉得那儿的菜怎么样？

22. 男：你去过内蒙古大草原吗？
    女：我倒是很想去，可惜一直没时间。
    男：那，国庆节咱们一起去吧。我教你骑马。
    女：太好了！我还没骑过马呢，肯定很刺激！
    问：他们国庆节打算做什么？

23. 女：你参加过哪些社会实践活动？
    男：我曾在郊区一所小学当过老师。
    女：能谈谈你的收获吗？
    男：在这个过程中，我认识到了自己的价值，更有自信了。
    问：男的当志愿者有什么收获？

24. 女：您好！这里是南方航空公司。
    男：你好！我想订北京到上海的往返机票。
    女：好的，请说一下具体的出发日期。
    男：7月4号从北京出发，7号从上海返回。
    问：男的正在做什么？

25. 女：这款电视现在买有优惠吗？
    男：有，家电类商品消费满五百送一百元代金券，还可参与抽奖。
    女：那能送货上门吗？
    男：可以，购买后两天内给您送到家。
    问：关于那款电视，可以知道什么？

26. 男：喂，请问是张女士吗？
    女：是，您哪位？
    男：我是顺风快递的，麻烦您到公寓一层大厅来取个包裹。
    女：好，您等一下，我马上下来。
    问：男的让女的做什么？

27. 男：您一直在杂志社工作吗？
    女：对，我从事编辑工作已经10多年了。
    男：看来您很热爱这份工作啊。
    女：是的，我觉得这份工作很有意义，我会一直做下去的。
    问：女的怎样看待自己的工作？

28. 女：这次宣传册的设计经理很满意。
    男：那可以印刷了吗?
    女：先等等，有几个文字还要调整一下。
    男：好的，等确定了我就联系印刷厂。
    问：关于宣传册，下列哪项正确?

29. 男：您今天的表演简直太棒了!
    女：谢谢你的称赞。
    男：我能不能跟您合影留念?
    女：当然可以。
    问：男的为什么称赞女的?

30. 男：你头发怎么湿了? 外面没下雨呀!
    女：和儿子玩儿水枪了。
    男：赶紧用吹风机吹一下吧，不然容易感冒。
    女：不要紧，我用毛巾擦擦就好了。
    问：男的建议女的怎么做?

第31到32题是根据下面一段话：

　　有一天，一个小男孩儿想把一盆花搬到院子里，可是那盆花太重，他怎么也搬不起来。父亲见了，在旁边鼓励他："只要你全力以赴，就一定能搬起来。"但是小男孩儿使了很大劲儿，也没把花盆搬起来。他对父亲说："我已经用尽全力了。"父亲摇了摇头，说："你没有，因为我就站在你旁边，你却没有向我求助。全力以赴是想尽所有办法，用尽所有可用资源。"

31. 小男孩儿在做什么?
32. 父亲认为小男孩儿应该怎么做?

**第 33 到 35 题是根据下面一段话：**

有个人开了一家旅店，为了吸引顾客，他把旅店布置得很好，并竭尽全力为客人们提供优质的服务，收费也很公道。但不知为何，前来住店的人还是很少，他非常苦恼，于是向一位朋友求助。朋友说："我有个主意，你把旅店的名字改成'五个铃铛'，然后在门口挂上六个铃铛。""这样做太奇怪了，能有用吗？""你试试就知道了。"朋友微笑着说。所以他只好照办。结果，很多路过旅店的人都会走进店里，给他指出这个错误。而当人们走进旅店时，就会被里面的设施和服务吸引，就会留下来歇息，这样就给店主带来了成功。

33. 店主为什么很苦恼？
34. 店主觉得朋友的建议怎么样？
35. 后来很多人走进店里是要做什么？

**第 36 到 38 题是根据下面一段话：**

钱钟书是中国非常著名的作家。高中毕业的那年，他报考了清华大学。入学考试时，他的语文和外语都答得非常好，但数学试卷却让他觉得像天书一样。他只好随便做了几道就交卷了。成绩出来了，钱钟书的数学只考了15分。按照学校的规定，只要有一门课不及格，就不能被录取。他的数学那么差，本来是一点儿希望都没有。但当时的校长罗家伦看到钱钟书的语文和外语成绩，都是满分，就决定打破学校常规，破格录取了他。正是罗家伦的这次破例，成就了钱钟书这位学贯中西的学者。

36. 这段话中"像天书一样"想说明什么？
37. 关于钱钟书的成绩下列哪项正确？
38. 校长是怎么做的？

第39到41题是根据下面一段话：

朋友养了盆芦荟，出差前请我帮忙照看。早上我把芦荟放在窗台上就出门了。谁知中午刮起了大风。等我回家时，很多芦荟叶子都被折断了，地上到处是残叶。我心疼极了，担心它会枯萎。可没想到，第二天叶子竟然自己愈合了，只留下一些褐色的伤口。后来朋友告诉我，芦荟是一种坚强的植物，它非常耐旱，只要根还活着，很长时间浇一次水也能活。就算叶子被折断，也能自己愈合。人生难免遭遇坎坷与磨难，我们应当像芦荟那样学会坚强自己，即使跌倒受伤，也要勇敢地爬起来。

39. 说话人回家后发现芦荟怎么了？
40. 关于芦荟，下列哪项正确？
41. 这段话主要想告诉我们什么？

第42到43题是根据下面一段话：

现在，自动门的种类越来越多，构造也越来越简单。目前大部分的自动门都是地毯式自动门。这种门通常门前会有一块儿地毯，地毯下面有一条电线与电源相接。当人站在地毯上时，地毯上的重量增加，电源就会被接通，门就打开了；人进去后，地毯上的重量减轻，电源就会自动断开，几秒钟后，门就关上了。

42. 关于自动门，下列哪项正确？
43. 地毯式自动门通过什么来控制门的开关？

第44到45题是根据下面一段话：

农夫买了一只羊准备牵回家，可不管他怎么使劲儿拉，羊始终都不肯往前走。卖羊的人笑着说："你拿一把青草在它前面晃一晃，它就会走了。"于是，农夫找了一把青草在羊面前晃了晃，羊果然跟着也走了，就这样不用生拉硬拽、农夫轻轻松松把羊牵回了家。生活中解决问题的方法有很多，有时并不需要硬碰硬用一把草就可以解决问题，何必费那么大的力气呢？

44. 卖羊的人建议农夫怎么做？
45. 这段话主要想告诉我们什么？

听力考试现在结束。

# 〈제4회〉 녹음 스크립트

(音乐，30秒，渐弱)

大家好！欢迎参加 HSK(五级)考试。
大家好！欢迎参加 HSK(五级)考试。
大家好！欢迎参加 HSK(五级)考试。

HSK(五级)听力考试分两部分，共45题。
请大家注意，听力考试现在开始。

# 第 一 部 分

第1到20题：请选出正确答案。现在开始第1题：

1. 男：这款窗帘样式不错，颜色也好看，我们就选它吧。
   女：我也觉得设计风格不错，就是布料太薄了，恐怕会透光。
   问：女的觉得窗帘怎么样？

2. 女：你今天怎么这么没精神，你是不是又熬夜看球赛了？
   男：是，昨晚的比赛很精彩，我支持的球队进决赛了。
   问：男的昨晚为什么熬夜？

3. 女：刘师傅，这台电脑你有把握修好吗？
   男：估计是某个零件坏了，我得拆开看看才能确定。
   问：男的最可能是做什么的？

4. 男：这些照片，色彩明亮，视角独特，一看就是经验丰富的摄影师拍的。
   女：这都是我老公的作品，当中有几张还获过大奖呢。
   问：男的觉得那些照片怎么样？

5. 女：我银行卡丢了，得去银行挂失一下。
   男：那你赶紧去吧。晚上我们直接在咖啡厅碰面吧。
   问：他们晚上在哪儿见面？

6. 男：今晚烧烤用的东西都准备好了吗？
   女：差不多了，一会儿再买几瓶矿泉水就可以了。
   问：他们还需要买什么？

7. 男：真奇怪，电话怎么突然断了？
   女：地下室的信号不太稳定，明天找个维修工看看吧。
   问：他们最可能在哪儿？

8. 男：妈妈，我的玩具车为什么不动了？
   女：电池没电了，我给它换节电池就好了。
   问：玩具车为什么不动了？

9. 男：你知道怎么在网上预约挂号吗？
   女：我也没做过，你上网搜索一下吧。
   问：男的想做什么？

10. 男：你的商店什么时候开始营业？
    女：正在办理营业执照，估计这个月中旬能开业。
    问：商店什么时候能开业？

11. 男: 这个房子，采光挺好的，就是厨房稍微有点儿小。
    女: 不要紧，您可以买套组合家具，这样能节省不少空间。
    问: 男的觉得那个房子怎么样?

12. 男: 最近股市行情不错，我选的那几个股票都上涨了。
    女: 不过投资风险也挺大的，你一定要谨慎点儿吧。
    问: 女的劝男的怎么做?

13. 女: 我电脑中病毒了，你帮我重新安装系统吧。
    男: 好，你先把电脑里的重要资料备份一下。
    问: 电脑怎么了?

14. 男: 这个款式现在很时尚，您服装也挺合身的。
    女: 可我觉得这条裙子显得人太成熟，我穿着不太习惯。
    问: 女的觉得裙子怎么样?

15. 男: 小张，今天会议讨论的主题是什么?
    女: 新产品的宣传方案，想征求一下各部门的意见。
    问: 会议将围绕什么进行?

16. 女: 爸爸，录取结果已经公布了，我考上了!
    男: 太好了，晚上我们一家人一起庆祝一下。
    问: 男的为什么想要庆祝?

17. 女: 这条牛仔裤的质量确实不错，能便宜点儿吗?
    男: 我们现在搞优惠活动，商品全部打5折，已经是最优惠的价格了。
    问: 男的是什么意思?

18. 女：我的电脑出毛病了，保存的文件都丢失了。能恢复吗？
    男：我也不太懂，你最好找专业人员帮你看看。
    问：男的建议女的怎么做？

19. 女：您好，您要办理什么业务？
    男：麻烦您，我要取消这个账户。需要什么证件？
    问：男的要办理哪项业务？

20. 男：你在简历里提到的在校期间发表的那些文章，带来了吗？
    女：带了。都在这个文件夹里，您看一下。
    问：文件夹里装的是什么？

# 第 二 部 分

第21到45题：请选出正确答案。现在开始第21题：

21. 女：您好！有什么可以帮您的？
    男：我听王教练说现在办会员卡有优惠。
    女：对，现在办卡可以免费体验我们健身房的整个课程。
    男：都有什么课程能详细说一下吗？
    问：他们最可能在哪儿？

22. 女：产品发布会准备得怎么样了？
    男：会场已经安排好了，媒体也都联系到了。
    女：嘉宾方面呢？
    男：邀请函已经发出去了，都准备好了。
    问：关于发布会可以知道什么？

23. 男：键盘上怎么都是水？
    女：我妹妹刚才不小心把水杯碰倒了。
    男：赶紧把键盘拔掉，用吹风机吹一下。
    女：都拔了，我这就去拿吹风机。
    问：根据对话下列哪项正确？

24. 男：老板送了我两张展览会的门票，周日一起去看吧。
    女：哪方面的展览？
    男：欧洲艺术品展，就在我单位后边。
    女：听上去不错，那周日你来接我吧。
    问：男的邀请女的去做什么？

25. 女：你常和印刷厂的人打交道吗？
    男：是啊，我们一直合作，怎么了？
    女：单位让我负责联系印刷厂印一批宣传材料，但我没认识的人。
    男：有家印刷厂的经理和我挺熟悉的，什么时候介绍你们认识？
    问：女的为什么想认识印刷厂的人？

26. 男：老师，我准考证上的信息有问题，您能帮我改一下吗？
    女：哪儿错了？
    男：我的身份证号最后一位是八，不是三。
    女：把你的身份证给我，我核对一下。
    问：男的为什么要修改准考证信息？

27. 女：我刚才查了一下，那本书确实卖完了。
    男：那你们近期还会补货吗？
    女：应该会，您把手机号留给我们，到货后我直接通知您。
    男：那太感谢了，这是我的名片，麻烦你到时候给我打电话。
    问：关于那本书，可以知道什么？

28. 男：我们换个频道吧，别看纪录片了。
    女：现在好像也没什么好看的节目。
    男：体育频道在转播足球比赛，我们看那个？
    女：我对足球不感兴趣，给你遥控器，你自己换吧。
    问：男的想看什么？

29. 男：小刘，你的包裹我帮你拿来了。
    女：谢谢，太好了，我马上过去。
    男：买的什么东西，你这么着急？
    女：办公室太干燥了，我买了个加湿器。
    问：关于女的可以知道什么？

30. 男：这款数码相机很高档也很时尚，卖得特别好。
    女：看起来不错，保修期有多长？
    男：一年内免费维修，一个月内若出现问题都能退换。
    女：好。谢谢！我考虑一下。
    问：关于那款相机下列哪项正确？

**第31到32题是根据下面一段话：**

　　有位博士发现这样一个现象。一只猫在阳光下舒服地睡着觉，当身上的阳光被树影挡住时，它就会醒过来，走到有阳光的地方继续睡。猫会随着太阳的移动而变换睡觉的地方，这种行为引起了博士的好奇。猫喜欢呆在阳光下，这说明光和热一定对它有益。那对人是不是也有好处呢？这个一闪而过的想法，成了日后闻名世界的"日光浴治疗法"。这位博士也因为那只睡懒觉的猫而获得了诺贝尔医学奖。

31. 太阳移动后猫会怎么做？
32. 那位博士的想法是什么？

第33到34题是根据下面一段话:

在人际交往中，人们留给交往对象的最后印象是非常重要的，有时，它甚至直接决定着单位或个人的整体形象。这就是末轮效应。末轮效应强调事情结尾的完美与完善，要求人们在塑造单位或个人的整体形象时，必须做到始终如一。拿送客礼仪来说，每次告别时，我们都要以将会再次见面的心情来送别对方。送客工作如果处理不好，就会影响整个接待工作，使接待工作前功尽弃。

33. 末轮效应要求人们在塑造形象时怎么做？
34. 这段话主要谈的是什么？

第35到37题是根据下面一段话:

小马是位安全玻璃的推销员。他的业绩一直保持全公司第一，同事们都问他："你有什么独特的方法吗？"小马说："见客户时，我的包里总放着几块玻璃样品和一个小铁锤。我首先会问客户，是否相信安全玻璃。大部分人都会说不信，然后我就会让他们拿铁锤去敲玻璃。当他们发现，玻璃真的敲不碎时，他们往往都会大吃一惊。忍不住说："天哪！真不敢相信！"这时，我再和他们谈生意。一般都能很快地签下订单。整个过程通常不会超过二十分钟。很多时候，行动比任何说辞都有效。"

35. 关于小马，下列哪项正确？
36. 客户们不敢相信什么？
37. 这段话主要想告诉我们什么？

第38到39题是根据下面一段话:

一个牧民养了30多只羊，他白天放牧，晚上则把羊赶进一个用柴草和木桩围起来的羊圈内。一天早晨，牧民去放羊时，发现少了一只羊。原来羊圈破了个洞，夜里有狼从洞里钻了进来，把那只羊叼走了。邻居劝他赶快把羊圈修一修，堵上那个洞。可他却说："反正羊已经丢了，再修羊圈有什么用？"谁知第二天早上他去放羊时，发现又少了一只羊。原来昨晚又有狼从那个洞钻进羊圈里，叼走了一只羊。牧民这才后悔没有听邻居的劝告，及时修补羊圈。于是，他赶紧堵上那个洞，把羊圈修得结结实实的。从此以后，牧民再也没有丢过羊。

38. 关于羊圈，可以知道什么？
39. 根据这段话，下列哪项正确？

第 40 到 41 题是根据下面一段话：

　　从前有只猴子，手里抓着一把豆子。一蹦一跳地往家走，一不留神，手中的豆子掉了一颗，滚到了地上。它赶紧将手中其余的豆子放在一旁，去捡那颗掉落的豆子。可它蹲在地上找了半天，也没找到掉落的那颗豆子。最后，猴子不得不放弃。等它将身上的土拍掉，准备去拿之前被放在一旁的豆子时，才发现那把豆子早就被小鸟吃光了。

40. 掉了一颗豆子后，猴子是怎么做的？
41. 之前被放在一旁的豆子怎么了？

第 42 到 43 题是根据下面一段话：

　　散文家林清玄的书法很好。有一次，朋友请他写一幅字，他考虑再三，写下了"常想一二"四个字。朋友看了便问他是什么意思。林清玄说："人生不如意的事十之八九，但扣除八九成的不如意，至少还有一二成是如意、快乐、欣慰的事情。要想拥有快乐的人生，就要常想那一二成的好事，这样才会感到庆幸、懂得珍惜，不至于被那八九成的不如意所打倒。"

42. "常想一二"中的"一二"指的是什么？
43. 关于林清玄，可以知道什么？

第 44 到 45 题是根据下面一段话：

　　大学毕业以后，我和好朋友春梅一起找了一套房子，房费一人出一半儿可以省钱挺好的。可现在春梅有了男朋友，就觉得不方便了，想找个房子搬出去。两个月过去了，我跑了很多地方，还没有找到合适的。不是地方太远，就是房子太差，不然就是价钱太贵。我觉得现在找房子比找男朋友更难。

44. 我现在和谁住在一起？
45. 我为什么要找房子？

听力考试现在结束。

# 〈제5회〉 녹음 스크립트

(音乐，30秒，渐弱)

大家好！欢迎参加 HSK(五级)考试。
大家好！欢迎参加 HSK(五级)考试。
大家好！欢迎参加 HSK(五级)考试。

HSK(五级)听力考试分两部分，共45题。
请大家注意，听力考试现在开始。

# 第 一 部 分

第1到20题：请选出正确答案。现在开始第1题：

1. 女：这个麦克风没声音，音乐也播放不了。
   男：那个设备好像出毛病了，我让维修人员过来看看。
   问：男的要找谁去?

2. 女：小刘，这些货物堆在这里会妨碍大家进出，你赶紧处理一下。
   男：不好意思，我马上让人搬到仓库去。
   问：女的提醒男的做什么?

3. 女：你怎么知道那几个股票要上涨啊?
   男：我早上读《经济参考报》，里面是这么分析的。
   问：男的从哪儿了解到的信息?

4. 男：这次您要演的角色，好像跟之前的不一样。
   女：的确，这次的演出对我来说是一个挑战。我期待自己能有所突破。
   问：女的最可能是做什么的？

5. 男：你现在负责什么类型的节目？
   女：以纪录片为主，明年想参加一些访谈类的节目。
   问：女的主要负责哪类节目？

6. 女：今晚我穿这套衣服，怎么样？
   男：不错，就是稍微有点儿暗，最好再配条亮点儿的项链。
   问：男的建议女的怎么做？

7. 男：我同事说，国家博物馆春节期间照常开放。
   女：那我们明天去吧，我一会儿上网预订两张票。
   问：他们明天要去哪儿？

8. 女：我这月底要去哈尔滨，你给推荐个好玩儿的地方吧。
   男：那儿的冰雪大世界很不错，我在那儿滑过雪。
   问：关于女的，下列哪项正确？

9. 女：喂？你一会儿去学校接孩子吧。我临时有事走不开。
   男：好，我处理完手头的事情就去。
   问：男的一会儿要去做什么？

10. 男：这套房子装修得确实不错，楼下有车库吗？
    女：有，面积挺大的，有二十多平米。
    问：关于那个车库，可以知道什么？

11. 男：姑娘，这条胡同太窄了。车根本开不进去。
    女：那我们绕一下吧，前面那条路也能到。
    问：女的建议怎么做？

12. 女：这部电影的导演是个新人，他的票房竟然过了5亿。
    男：这部影片是80后的集体回忆，所以吸引了不少年轻人。
    问：关于那部电影，下列哪项正确？

13. 女：张总，您觉得这次谈判派谁去比较合适？
    男：小李吧，他经验丰富，遇事冷静，对这个项目也熟悉。
    问：男的觉得小李怎么样？

14. 男：你刚才的发言非常好，你的汉语进步很大呀。
    女：谢谢，我最近请了一位辅导老师，他很有耐心，教学方法也很独特。
    问：女的觉得辅导老师怎么样？

15. 男：坐下歇会儿吧，晚上回来再收拾。
    女：估计咱们从宴会回来就很晚了，我还是抓紧做完吧。
    问：他们晚上最可能要做什么？

16. 女：这些建筑都是唐朝时建的吗？
    男：不是，是前几年为了拍影视剧，特意模仿古建筑而新建的。
    问：关于那些建筑，可以知道什么？

17. 女：陈导演，您的下一部作品什么时候能和大家见面？
    男：电影已经拍完了，目前正在进行后期制作，预计九月中旬上映。
    问：关于电影，可以知道什么？

18. 男：隔壁新开了一家酒吧，据说那儿的生意不错，晚上我们去看看？
    女：好啊，正好趁着周末放松一下。
    问：他们晚上打算去哪儿？

19. 女：我已经征求过李总的意见了，他同意咱们的活动方案。
    男：好，那我赶紧去通知各部门开会，分配一下具体任务。
    问：关于活动方案，可以知道什么？

20. 男：你是不是感冒了？怎么一直在打喷嚏？
    女：不是，我对花粉过敏，一到春天就这样。
    问：女的怎么了？

# 第 二 部 分

第21到45题：请选出正确答案。现在开始第21题：

21. 男：你倒车熟练了不少啊。
    女：这些天我有时间就思考自己出错的原因和改正的方法。
    男：不错，你这么认真，月底的驾照考试肯定没问题。
    女：谢谢教练，我会努力的。
    问：关于女的可以知道什么？

22. 女：小张，我们正商量报团去欧洲旅游，你去吗？这个月中旬出发，来回一共10天，怎么样？
    男：我还不确定，得看接下来的工作安排。
    女：那你尽快给我答复吧。我好统计人数。
    男：好，只要不耽误工作，我肯定去。
    问：女的希望男的怎么做？

23. 女：我上星期在你们店买的键盘怎么还没寄到？
    男：您可以先查一查物流信息。
    女：查了，上面显示两天前就到北京了，但我一直没收到。
    男：您把订单编号告诉我，我帮您确认一下。
    问：女的怎么了？

24. 男：没想到，这些建筑都一千年了还保存得这么完整。
    女：是啊。不过有些地方都重新修补装饰过。
    男：难怪看起来很新。它们都是用木头建的？
    女：对，所以这里严禁吸烟。
    问：关于那些建筑，下列哪项正确？

25. 男：你们的新房还没开始装修？
    女：没有，我和我丈夫意见不统一。
    男：你俩喜欢的风格不一样？
    女：这只是地板的问题。他想用瓷砖，但我喜欢木地板。
    问：女的和丈夫在哪方面想法不一致？

26. 女：打扰一下，您能帮我填一份调查问卷吗？
    男：是关于什么的问卷？
    女：关于数码产品使用情况的，不会耽误太长时间。
    男：好，那我填一份吧。
    问：那份问卷是关于哪方面的？

27. 女：我最近总是失眠，睡不好觉。
    男：压力太大了吧？
    女：可能是，月底就要交毕业论文了，可我还没写完呢。
    男：还有半个月，你肯定能写完，忙完这个阶段就好了。
    问：女的为什么睡不好觉？

28. 男：你找什么呢？
    女：我有只耳环不见了。
    男：卧室和洗手间你都找了吗？
    女：找过了，没有。可能是我早上打扫客厅时，掉在地毯上了。
    问：女的觉得耳环可能掉在哪儿了？

29. 女：请问劳动节还有去杭州的旅行团吗？
    男：还有一个四天三夜的团没报满。
    女：我能看一下具体的行程安排吗？
    男：请稍等，我给您拿一下日程表。
    问：他们最可能在哪儿？

30. 男：请问，你们店有无线网络吗？
    女：有，您搜索一下，用户名就是我们店名。
    男：好的，那密码呢？
    女：是我们店名前三个字的汉语拼音。
    问：男的在问什么？

第31到32题是根据下面一段话：

　　不好意思这种心理，一旦被别人利用往往会使你做出不情愿的，被动的选择。有一项研究表明，商家常利用顾客的不好意思，来推销产品。例如，逛商店时，虽然一开始，你没打算买某产品，但是在售货员耐心地跟你讲了一堆它的优点后，因为不好意思，你可能掏钱购买；到饭店吃饭，菜可能够了，但服务员的热情推荐让你没了主意。最后还是同意加个菜尝尝。这样的事，几乎人人都遇到过。作为消费者，一定要摆正心态，别让自己不好意思的心理被别人利用。

31. 不好意思的心理会使人们怎么样？
32. 根据这段话，购物时需要注意什么？

第33到35题是根据下面一段话：

从前，有位宰相，他妻子十分重视儿子的前程。每天不厌其烦地劝儿子努力读书，而宰相却每天很早就去工作，晚上回家也只顾自己读书。有一天，妻子终于忍不住了说："你每天只顾自己工作、看书，什么时候能在孩子身上花点儿心思呀？"宰相边看书，边说："我这就是在教育儿子呀！言传不如身教。"宰相用实际行动来教育儿子，这比妻子的说教更有效。有些父母对孩子要求极其严格，自己却做不到，这样不但收不到好的效果，反而容易使孩子产生逆反心理。父母如果能以身作则，即使什么都不说，孩子也能做得很好。

33. 关于宰相的妻子，可以知道什么？
34. 宰相是怎么教育孩子的？
35. 根据这段话，父母应该怎么做？

第36到38题是根据下面一段话：

有个推销员非常敬业。一次，一家公司的老板多次拜访后告诉他想要购买别人的产品。推销员百思不得其解，决定再去拜访一下那位老板，见面后他诚恳地请求对方告诉自己失败的原因，以便改进，并准备记录在自己的客户记录卡上，那上面详细记录了每一次见面时的谈话内容，看着他手中密密麻麻地谈话记录，那位老板感动地说："你这种认真的精神让我很佩服。现在我决定买你的产品了。"

36. 这段话中"百思不得其解"最可能是什么意思？
37. 客户记录卡里面写的是什么？
38. 那位老板最后为什么决定买他的产品了？

第39到41题是根据下面一段话：

舞蹈选修课上，老师总喜欢叫第一排的人到前面做示范，以便指出他们动作上的错误，同学们怕被老师叫到前面去，就纷纷往后边站。于是，第一排就成了最糟糕的位置，而我却喜欢站在第一排。果然老师总会叫我去跳，并一一指出我的错误。为了能在大家面前跳好，上课时，我会更用心地学，课下也会下工夫练。这就是我站在第一排的缘故。我跳得越来越好。后来，我当了老师，因为会跳舞孩子们都很喜欢我。我的工作也很顺利。

39. 老师叫第一排的人到前面的目的是什么？
40. 很多同学都怎么做？
41. 关于说话人，下列哪项正确？

**第42到43题是根据下面一段话：**

　　研究表明，人们从短假中获得的快乐要比从长假中获得的多。比如，一个七天长假，只有刚开始的两天，能让人感到激动和快乐，后面几天由于人们已经习惯了假期生活愉快感会逐渐消失，甚至有人还会因为假期太长而打乱正常的作息和饮食规律造成身体不适。因此，分开休几个短假比一次性休长假更能让人感到快乐。

42. 长假的后几天人们会怎么样？
43. 根据这段话，下列哪项正确？

**第44到45题是根据下面一段话：**

　　我们常会在一些超市里看到"天天低价"，"五公里范围内最低价"等标语，这其实是超市利用心理学上的"晕轮效应"，而采取的一种促销手段。他们将食品等一些生活必需品的价格定得比较低，让人形成这里更便宜的印象，并会自然地认为这里所有商品都比较便宜，可实际上其他商品的价格会被抬高，这样他们才能补回差价。像可乐、果汁等这种品牌产品，价格可能会低于别的超市，但是其他一些不知名品牌的毛巾或衣服等，价格可能就比较高。

44. 食品等价格低会使顾客对超市产生什么印象？
45. 超市为什么要提高不知名品牌商品的价格？

**听力考试现在结束。**

정답

#〈제1회〉정답

## 一、听力

### 第一部分

| | | | | |
|---|---|---|---|---|
| 1. B | 2. C | 3. C | 4. A | 5. B |
| 6. B | 7. D | 8. A | 9. C | 10. D |
| 11. A | 12. C | 13. A | 14. D | 15. C |
| 16. C | 17. A | 18. B | 19. D | 20. B |

### 第二部分

| | | | | |
|---|---|---|---|---|
| 21. C | 22. C | 23. A | 24. C | 25. D |
| 26. B | 27. A | 28. C | 29. B | 30. B |
| 31. D | 32. B | 33. C | 34. C | 35. D |
| 36. D | 37. C | 38. B | 39. D | 40. B |
| 41. D | 42. D | 43. C | 44. B | 45. B |

## 二、阅读

### 第一部分

| | | | | |
|---|---|---|---|---|
| 46. A | 47. B | 48. C | 49. C | 50. A |
| 51. B | 52. B | 53. C | 54. A | 55. C |
| 56. D | 57. B | 58. C | 59. A | 60. D |

### 第二部分

| | | | | |
|---|---|---|---|---|
| 61. A | 62. C | 63. B | 64. B | 65. D |
| 66. D | 67. A | 68. B | 69. B | 70. D |

第三部分

| 71. B | 72. B | 73. A | 74. B | 75. B |
| 76. A | 77. B | 78. D | 79. B | 80. A |
| 81. A | 82. C | 83. B | 84. A | 85. C |
| 86. A | 87. C | 88. D | 89. C | 90. B |

## 三、书写

第一部分

91. 我把顺序安排好了。

92. 我现在不能给你明确的答案。

93. 他对这项理论进行了研究。

94. 当地的特色小吃很独特。

95. 这项方案被总经理否定了。

96. 他的积极心态让大家很佩服。

97. 我们健身房里新增了许多运动设施。

98. 中国传统建筑以木材为主。

第二部分

99. 时间飞快，一转眼离开家乡已经十年了。由于整天忙于工作，却难得有机会回去看看。也不知现在家乡变化如何。工作之余偶尔会回想儿时美好的往事，那一幕幕熟悉的画面却依旧历历在目。真的想念家乡的一切。

100. 在人生的旅途中，每个人都会遇到不同的困境。在这个时候朋友会给我们带来很大帮助：一句话、一个建议或者一个拥抱都能给予莫大的安慰。但同时我们也应该用真心去对待一个朋友。真正的朋友是沙漠中的绿洲。

## 〈제2회〉 정답

## 一、听力

### 第一部分

| | | | | |
|---|---|---|---|---|
| 1. C | 2. D | 3. C | 4. A | 5. A |
| 6. B | 7. B | 8. C | 9. C | 10. A |
| 11. D | 12. B | 13. D | 14. C | 15. A |
| 16. B | 17. B | 18. D | 19. D | 20. A |

### 第二部分

| | | | | |
|---|---|---|---|---|
| 21. D | 22. B | 23. C | 24. B | 25. A |
| 26. B | 27. C | 28. A | 29. B | 30. C |
| 31. A | 32. D | 33. B | 34. B | 35. B |
| 36. D | 37. D | 38. C | 39. C | 40. C |
| 41. A | 42. A | 43. C | 44. B | 45. B |

## 二、阅读

### 第一部分

| | | | | |
|---|---|---|---|---|
| 46. A | 47. C | 48. C | 49. A | 50. D |
| 51. D | 52. A | 53. A | 54. D | 55. B |
| 56. B | 57. B | 58. D | 59. B | 60. C |

### 第二部分

| | | | | |
|---|---|---|---|---|
| 61. C | 62. D | 63. B | 64. C | 65. A |
| 66. C | 67. A | 68. C | 69. B | 70. C |

## 第三部分

| | | | | |
|---|---|---|---|---|
| 71. A | 72. D | 73. B | 74. C | 75. B |
| 76. A | 77. D | 78. B | 79. A | 80. A |
| 81. A | 82. B | 83. C | 84. A | 85. D |
| 86. C | 87. C | 88. A | 89. B | 90. A |

# 三、书写

## 第一部分

91. 他把程序安装好了。

92. 原材料的价钱在不断上涨。

93. 他已经从那家公司辞职了。

94. 我正在为实验报告的事情发愁。

95. 顾客的账户已经注册成功了。

96. 她表现得十分大方。

97. 老师家门口有一个小池塘。

98. 银行对利率又做了调整。

## 第二部分

99. 越来越多的大学生做起了兼职，课余时间被充分的利用起来了，学习方面，也意识到其重要性。用功成了每个大学生的理念，他们努力缩减彼此的差距，相信那一份份坚持会使每一个大学生在大学生涯收获满意的成果。

100. 爱子教子是每一个父母的责任和义务，但并不是轻而易举的。孩子的一声啼哭，是否碎了父母的心？也许适度地疼爱孩子才是更好的教育，要让孩子懂得：勇敢、礼让、团结、勤奋等，父母亦应该做出表率并以身作则。

## 〈제3회〉정답

### 一、听力

**第一部分**

1. C    2. C    3. D    4. D    5. C
6. D    7. B    8. A    9. C    10. B
11. B   12. D   13. C   14. B   15. C
16. A   17. D   18. A   19. B   20. A

**第二部分**

21. C   22. C   23. B   24. A   25. C
26. A   27. D   28. D   29. B   30. B
31. C   32. D   33. C   34. B   35. A
36. A   37. A   38. D   39. C   40. C
41. D   42. C   43. B   44. C   45. C

### 二、阅读

**第一部分**

46. B   47. C   48. D   49. C   50. A
51. C   52. B   53. C   54. D   55. D
56. D   57. B   58. A   59. A   60. B

**第二部分**

61. D   62. C   63. C   64. C   65. B
66. B   67. B   68. A   69. D   70. A

第三部分

| 71. A | 72. A | 73. C | 74. A | 75. A |
| 76. B | 77. D | 78. A | 79. B | 80. D |
| 81. B | 82. A | 83. B | 84. A | 85. C |
| 86. D | 87. A | 88. A | 89. C | 90. B |

## 三、书写

第一部分

91. 请勿在楼里抽烟。

92. 他曾经做过广播站的主持人。

93. 这项发明得到了专家的肯定。

94. 你能出席今晚的宴会吗?

95. 请您尽快办理保险手续。

96. 我已经把相关材料发给她了。

97. 事情并没有想象的那么糟糕。

98. 这次的夏令营活动将持续到5月底。

第二部分

99. 人生的旅程中，没有完全的一帆风顺，我们都会经历一定的艰难和挫折。虽有失败，但我们应该勇敢地面对。树立坚定的目标，加之不懈地努力，相信一定会取得成功。为了更大的收获，请继续努力前行。

100. 在无聊的时候，是否有它的陪同？孤单的时候，是否有它的陪伴？在它们有生命危险的时候，是否想到了保护它？狗，人类忠诚的朋友，但仍有人肆意杀害它。希望您能善待朋友、善待忠实的它们，善待每一个可贵的生命。

# 〈제4회〉 정답

## 一、听力

第一部分

1. C  2. D  3. A  4. B  5. A
6. D  7. A  8. A  9. C  10. B
11. B  12. C  13. C  14. D  15. A
16. B  17. C  18. D  19. D  20. B

第二部分

21. B  22. A  23. D  24. A  25. A
26. D  27. B  28. C  29. B  30. C
31. B  32. A  33. C  34. B  35. A
36. A  37. C  38. A  39. D  40. C
41. A  42. B  43. C  44. C  45. A

## 二、阅读

第一部分

46. B  47. A  48. B  49. D  50. A
51. C  52. D  53. D  54. B  55. B
56. C  57. A  58. D  59. A  60. D

第二部分

61. B  62. A  63. C  64. B  65. A
66. D  67. D  68. A  69. A  70. D

第三部分

| | | | | |
|---|---|---|---|---|
| 71. B | 72. D | 73. D | 74. C | 75. C |
| 76. A | 77. C | 78. D | 79. D | 80. B |
| 81. D | 82. B | 83. C | 84. A | 85. D |
| 86. A | 87. C | 88. B | 89. C | 90. C |

## 三、书写

第一部分

91. 当地的建筑风格很古典。
92. 她已经办理辞职手续了。
93. 投资之前应进行充分的市场调查。
94. 每幅画儿下面都配有说明。
95. 学校为学生办理了健康保险。
96. 农业展览馆正式建成于1988年。
97. 很多动物靠尾巴控制平衡。
98. 这张照片生动地记录了当时的情景。

第二部分

99. 你，放弃过吗？你，失败过吗？你，遇到困难时，退缩过吗？请不要害怕，大声地告诉自己：我是最棒的。人生中都会遇到困难，应该虚心地接受别人的建议，以及取每一次的教训才能积累更多的经验时，从而能更好地成长。

100. 如果突然的一天，发生了未曾预料的事，你会怎么做？第一时间努力自己争取还是求救？也许自己才是最大的救星，请尝试着自己去努力，我们应该学会相信自己、主动，然后再寻求帮助。

## 〈제5회〉 정답

### 一、听力

#### 第一部分

| | | | | |
|---|---|---|---|---|
| 1. A | 2. C | 3. A | 4. C | 5. A |
| 6. C | 7. C | 8. C | 9. A | 10. B |
| 11. D | 12. D | 13. D | 14. B | 15. C |
| 16. B | 17. C | 18. B | 19. C | 20. A |

#### 第二部分

| | | | | |
|---|---|---|---|---|
| 21. C | 22. B | 23. C | 24. C | 25. B |
| 26. D | 27. D | 28. A | 29. D | 30. C |
| 31. B | 32. C | 33. B | 34. D | 35. C |
| 36. C | 37. C | 38. A | 39. C | 40. C |
| 41. A | 42. A | 43. D | 44. B | 45. A |

### 二、阅读

#### 第一部分

| | | | | |
|---|---|---|---|---|
| 46. C | 47. A | 48. A | 49. A | 50. B |
| 51. B | 52. C | 53. B | 54. A | 55. B |
| 56. D | 57. B | 58. A | 59. A | 60. D |

#### 第二部分

| | | | | |
|---|---|---|---|---|
| 61. B | 62. C | 63. A | 64. D | 65. D |
| 66. A | 67. C | 68. A | 69. A | 70. A |

## 第三部分

| | | | | |
|---|---|---|---|---|
| 71. C | 72. A | 73. A | 74. D | 75. D |
| 76. C | 77. D | 78. C | 79. C | 80. A |
| 81. D | 82. A | 83. D | 84. C | 85. B |
| 86. C | 87. D | 88. D | 89. B | 90. B |

# 三、书写

## 第一部分

91. 这种透明的雨伞结实吗?

92. 我把那文件保存到硬盘里了。

93. 此次开幕式邀请了很多明星。

94. 这部小说是他的代表作品之一。

95. 此次贷款利息上调了百分之二。

96. 爷爷是去年退休的。

97. 这把锁的设计极其巧妙。

98. 熬夜对身体伤害极大。

## 第二部分

99. 俗话说:万事开头难。也许太多时候我们厌恶最初的状态,不知道如何才能做到令人满意。但如果坚持,不断地努力探求,养成良好的习惯,一定会克服重重困难,获得令人满意的成功。

100. 日益发展的社会,竞争也在逐步加剧,压力也是随之而来。寻求发泄的方法已是人们关注的话题,那就来一次说走就走的旅行吧。抛弃世俗的种种烦恼,尽情的享受旅行带给我们的放松。继而重整心情,更好地工作和生活!

# 新 汉 语 水 平 考 试
## HSK（五级）答题卡

姓名 _____

国籍 [0] [1] [2] [3] [4] [5] [6] [7] [8] [9]
     [0] [1] [2] [3] [4] [5] [6] [7] [8] [9]
     [0] [1] [2] [3] [4] [5] [6] [7] [8] [9]

序号 [0] [1] [2] [3] [4] [5] [6] [7] [8] [9]
     [0] [1] [2] [3] [4] [5] [6] [7] [8] [9]
     [0] [1] [2] [3] [4] [5] [6] [7] [8] [9]
     [0] [1] [2] [3] [4] [5] [6] [7] [8] [9]
     [0] [1] [2] [3] [4] [5] [6] [7] [8] [9]

性别    男 [1]        女 [2]

考点 [0] [1] [2] [3] [4] [5] [6] [7] [8] [9]
     [0] [1] [2] [3] [4] [5] [6] [7] [8] [9]
     [0] [1] [2] [3] [4] [5] [6] [7] [8] [9]

年龄 [0] [1] [2] [3] [4] [5] [6] [7] [8] [9]
     [0] [1] [2] [3] [4] [5] [6] [7] [8] [9]

你是华裔吗?    是 [1]        不是 [2]

学习汉语的时间：

1年以下 [1]    1年－2年 [2]    2年－3年 [3]    3年－4年 [4]    4年以上 [5]

注意    请用2B 铅笔这样写：■

一、听力

1. [A] [B] [C] [D]        6. [A] [B] [C] [D]        11. [A] [B] [C] [D]        16. [A] [B] [C] [D]        21. [A] [B] [C] [D]
2. [A] [B] [C] [D]        7. [A] [B] [C] [D]        12. [A] [B] [C] [D]        17. [A] [B] [C] [D]        22. [A] [B] [C] [D]
3. [A] [B] [C] [D]        8. [A] [B] [C] [D]        13. [A] [B] [C] [D]        18. [A] [B] [C] [D]        23. [A] [B] [C] [D]
4. [A] [B] [C] [D]        9. [A] [B] [C] [D]        14. [A] [B] [C] [D]        19. [A] [B] [C] [D]        24. [A] [B] [C] [D]
5. [A] [B] [C] [D]       10. [A] [B] [C] [D]        15. [A] [B] [C] [D]        20. [A] [B] [C] [D]        25. [A] [B] [C] [D]
26. [A] [B] [C] [D]       31. [A] [B] [C] [D]        36. [A] [B] [C] [D]        41. [A] [B] [C] [D]
27. [A] [B] [C] [D]       32. [A] [B] [C] [D]        37. [A] [B] [C] [D]        42. [A] [B] [C] [D]
28. [A] [B] [C] [D]       33. [A] [B] [C] [D]        38. [A] [B] [C] [D]        43. [A] [B] [C] [D]
29. [A] [B] [C] [D]       34. [A] [B] [C] [D]        39. [A] [B] [C] [D]        44. [A] [B] [C] [D]
30. [A] [B] [C] [D]       35. [A] [B] [C] [D]        40. [A] [B] [C] [D]        45. [A] [B] [C] [D]

二、阅读

46. [A] [B] [C] [D]       51. [A] [B] [C] [D]        56. [A] [B] [C] [D]        61. [A] [B] [C] [D]        66. [A] [B] [C] [D]
47. [A] [B] [C] [D]       52. [A] [B] [C] [D]        57. [A] [B] [C] [D]        62. [A] [B] [C] [D]        67. [A] [B] [C] [D]
48. [A] [B] [C] [D]       53. [A] [B] [C] [D]        58. [A] [B] [C] [D]        63. [A] [B] [C] [D]        68. [A] [B] [C] [D]
49. [A] [B] [C] [D]       54. [A] [B] [C] [D]        59. [A] [B] [C] [D]        64. [A] [B] [C] [D]        69. [A] [B] [C] [D]
50. [A] [B] [C] [D]       55. [A] [B] [C] [D]        60. [A] [B] [C] [D]        65. [A] [B] [C] [D]        70. [A] [B] [C] [D]
71. [A] [B] [C] [D]       76. [A] [B] [C] [D]        81. [A] [B] [C] [D]        86. [A] [B] [C] [D]
72. [A] [B] [C] [D]       77. [A] [B] [C] [D]        82. [A] [B] [C] [D]        87. [A] [B] [C] [D]
73. [A] [B] [C] [D]       78. [A] [B] [C] [D]        83. [A] [B] [C] [D]        88. [A] [B] [C] [D]
74. [A] [B] [C] [D]       79. [A] [B] [C] [D]        84. [A] [B] [C] [D]        89. [A] [B] [C] [D]
75. [A] [B] [C] [D]       80. [A] [B] [C] [D]        85. [A] [B] [C] [D]        90. [A] [B] [C] [D]

三、书写

91. _____
92. _____
93. _____
94. _____

95.
96.
97.
98.
99.
100.

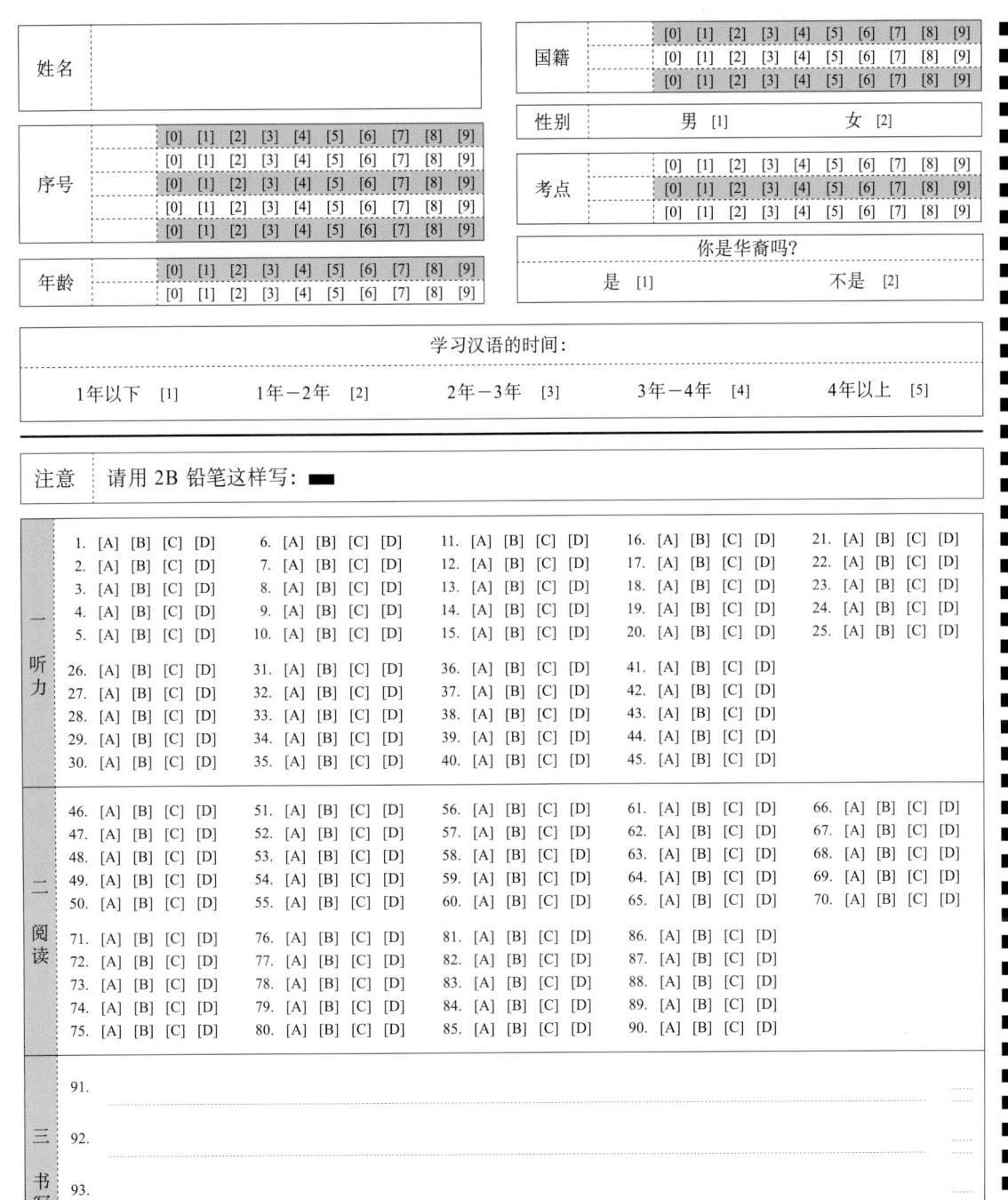

95.
96.
97.
98.
99.

100.

# 新 汉 语 水 平 考 试
## HSK（五级）答题卡

|  |  |
|---|---|
| 姓名 |  |

国籍 [0] [1] [2] [3] [4] [5] [6] [7] [8] [9]
　　　[0] [1] [2] [3] [4] [5] [6] [7] [8] [9]
　　　[0] [1] [2] [3] [4] [5] [6] [7] [8] [9]

序号 [0] [1] [2] [3] [4] [5] [6] [7] [8] [9]
　　　[0] [1] [2] [3] [4] [5] [6] [7] [8] [9]
　　　[0] [1] [2] [3] [4] [5] [6] [7] [8] [9]
　　　[0] [1] [2] [3] [4] [5] [6] [7] [8] [9]
　　　[0] [1] [2] [3] [4] [5] [6] [7] [8] [9]

性别　　男 [1]　　　女 [2]

考点 [0] [1] [2] [3] [4] [5] [6] [7] [8] [9]
　　　[0] [1] [2] [3] [4] [5] [6] [7] [8] [9]
　　　[0] [1] [2] [3] [4] [5] [6] [7] [8] [9]

年龄 [0] [1] [2] [3] [4] [5] [6] [7] [8] [9]
　　　[0] [1] [2] [3] [4] [5] [6] [7] [8] [9]

你是华裔吗？
　　　是 [1]　　　　　不是 [2]

学习汉语的时间：

1年以下 [1]　　1年－2年 [2]　　2年－3年 [3]　　3年－4年 [4]　　4年以上 [5]

注意　请用2B 铅笔这样写：■

## 一、听力

| 1. [A] [B] [C] [D] | 6. [A] [B] [C] [D] | 11. [A] [B] [C] [D] | 16. [A] [B] [C] [D] | 21. [A] [B] [C] [D] |
| 2. [A] [B] [C] [D] | 7. [A] [B] [C] [D] | 12. [A] [B] [C] [D] | 17. [A] [B] [C] [D] | 22. [A] [B] [C] [D] |
| 3. [A] [B] [C] [D] | 8. [A] [B] [C] [D] | 13. [A] [B] [C] [D] | 18. [A] [B] [C] [D] | 23. [A] [B] [C] [D] |
| 4. [A] [B] [C] [D] | 9. [A] [B] [C] [D] | 14. [A] [B] [C] [D] | 19. [A] [B] [C] [D] | 24. [A] [B] [C] [D] |
| 5. [A] [B] [C] [D] | 10. [A] [B] [C] [D] | 15. [A] [B] [C] [D] | 20. [A] [B] [C] [D] | 25. [A] [B] [C] [D] |
| 26. [A] [B] [C] [D] | 31. [A] [B] [C] [D] | 36. [A] [B] [C] [D] | 41. [A] [B] [C] [D] | |
| 27. [A] [B] [C] [D] | 32. [A] [B] [C] [D] | 37. [A] [B] [C] [D] | 42. [A] [B] [C] [D] | |
| 28. [A] [B] [C] [D] | 33. [A] [B] [C] [D] | 38. [A] [B] [C] [D] | 43. [A] [B] [C] [D] | |
| 29. [A] [B] [C] [D] | 34. [A] [B] [C] [D] | 39. [A] [B] [C] [D] | 44. [A] [B] [C] [D] | |
| 30. [A] [B] [C] [D] | 35. [A] [B] [C] [D] | 40. [A] [B] [C] [D] | 45. [A] [B] [C] [D] | |

## 二、阅读

| 46. [A] [B] [C] [D] | 51. [A] [B] [C] [D] | 56. [A] [B] [C] [D] | 61. [A] [B] [C] [D] | 66. [A] [B] [C] [D] |
| 47. [A] [B] [C] [D] | 52. [A] [B] [C] [D] | 57. [A] [B] [C] [D] | 62. [A] [B] [C] [D] | 67. [A] [B] [C] [D] |
| 48. [A] [B] [C] [D] | 53. [A] [B] [C] [D] | 58. [A] [B] [C] [D] | 63. [A] [B] [C] [D] | 68. [A] [B] [C] [D] |
| 49. [A] [B] [C] [D] | 54. [A] [B] [C] [D] | 59. [A] [B] [C] [D] | 64. [A] [B] [C] [D] | 69. [A] [B] [C] [D] |
| 50. [A] [B] [C] [D] | 55. [A] [B] [C] [D] | 60. [A] [B] [C] [D] | 65. [A] [B] [C] [D] | 70. [A] [B] [C] [D] |
| 71. [A] [B] [C] [D] | 76. [A] [B] [C] [D] | 81. [A] [B] [C] [D] | 86. [A] [B] [C] [D] | |
| 72. [A] [B] [C] [D] | 77. [A] [B] [C] [D] | 82. [A] [B] [C] [D] | 87. [A] [B] [C] [D] | |
| 73. [A] [B] [C] [D] | 78. [A] [B] [C] [D] | 83. [A] [B] [C] [D] | 88. [A] [B] [C] [D] | |
| 74. [A] [B] [C] [D] | 79. [A] [B] [C] [D] | 84. [A] [B] [C] [D] | 89. [A] [B] [C] [D] | |
| 75. [A] [B] [C] [D] | 80. [A] [B] [C] [D] | 85. [A] [B] [C] [D] | 90. [A] [B] [C] [D] | |

## 三、书写

91.

92.

93.

94.

95.
96.
97.
98.

99.

100.

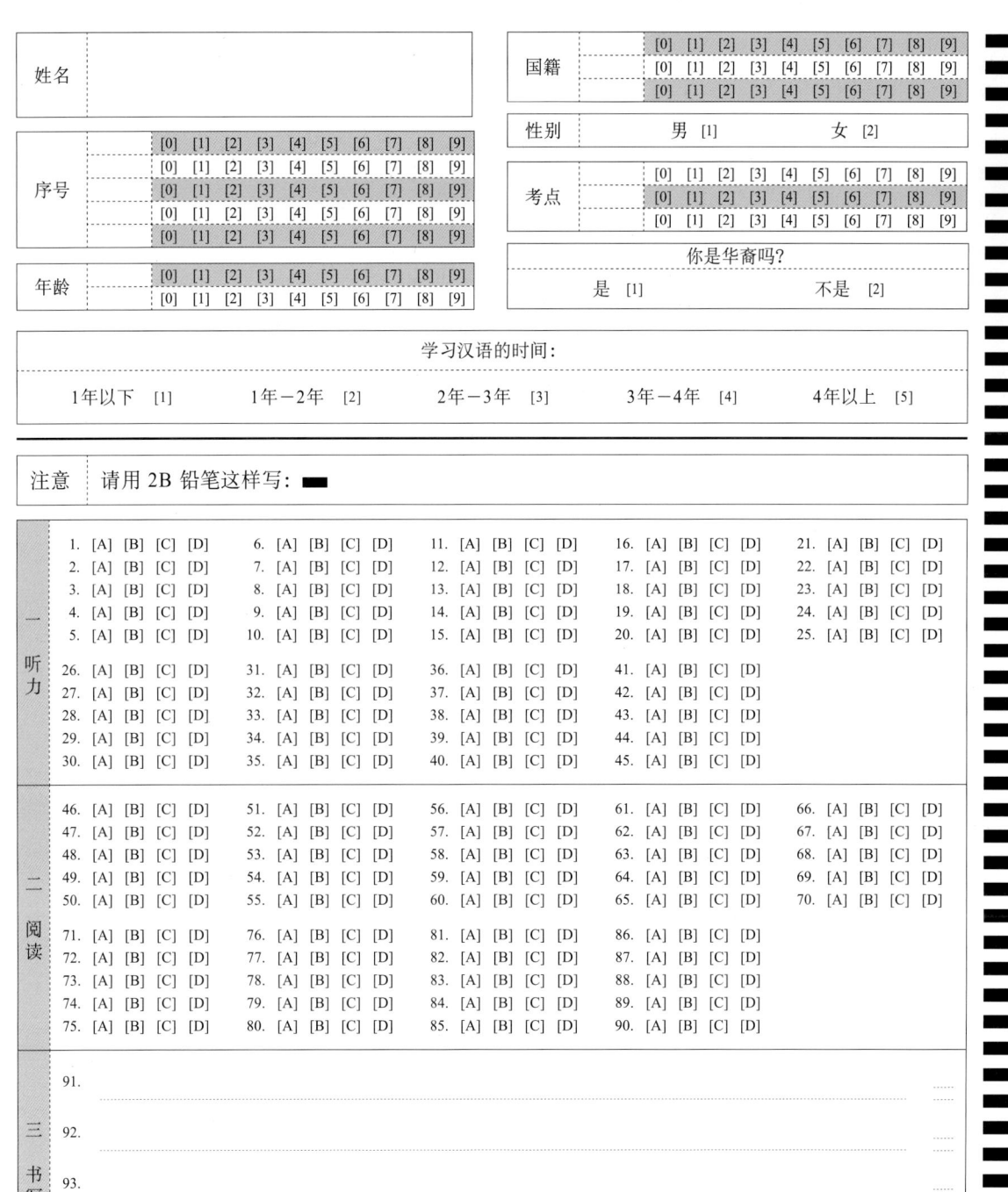

95.
96.
97.
98.
99.

100.

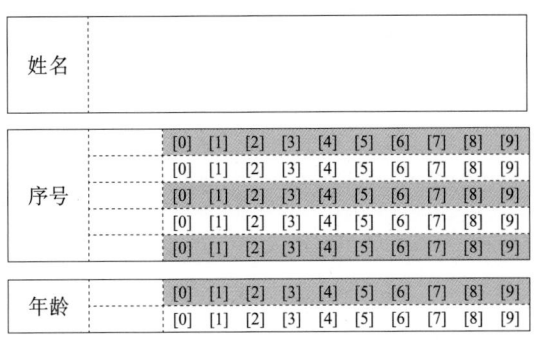

95.

96.

97.

98.

99.

100.

# 新 汉 语 水 平 考 试
## HSK（五级）答题卡

---

姓名

| 国籍 | [0] [1] [2] [3] [4] [5] [6] [7] [8] [9] |
| | [0] [1] [2] [3] [4] [5] [6] [7] [8] [9] |
| | [0] [1] [2] [3] [4] [5] [6] [7] [8] [9] |

序号: [0] [1] [2] [3] [4] [5] [6] [7] [8] [9]
[0] [1] [2] [3] [4] [5] [6] [7] [8] [9]
[0] [1] [2] [3] [4] [5] [6] [7] [8] [9]
[0] [1] [2] [3] [4] [5] [6] [7] [8] [9]

性别　　男 [1]　　　　女 [2]

考点: [0] [1] [2] [3] [4] [5] [6] [7] [8] [9]
[0] [1] [2] [3] [4] [5] [6] [7] [8] [9]
[0] [1] [2] [3] [4] [5] [6] [7] [8] [9]

年龄: [0] [1] [2] [3] [4] [5] [6] [7] [8] [9]
[0] [1] [2] [3] [4] [5] [6] [7] [8] [9]

你是华裔吗？　　是 [1]　　　不是 [2]

学习汉语的时间：

1年以下 [1]　　1年—2年 [2]　　2年—3年 [3]　　3年—4年 [4]　　4年以上 [5]

注意　请用 2B 铅笔这样写：■

---

**一 听力**

1. [A] [B] [C] [D]　6. [A] [B] [C] [D]　11. [A] [B] [C] [D]　16. [A] [B] [C] [D]　21. [A] [B] [C] [D]
2. [A] [B] [C] [D]　7. [A] [B] [C] [D]　12. [A] [B] [C] [D]　17. [A] [B] [C] [D]　22. [A] [B] [C] [D]
3. [A] [B] [C] [D]　8. [A] [B] [C] [D]　13. [A] [B] [C] [D]　18. [A] [B] [C] [D]　23. [A] [B] [C] [D]
4. [A] [B] [C] [D]　9. [A] [B] [C] [D]　14. [A] [B] [C] [D]　19. [A] [B] [C] [D]　24. [A] [B] [C] [D]
5. [A] [B] [C] [D]　10. [A] [B] [C] [D]　15. [A] [B] [C] [D]　20. [A] [B] [C] [D]　25. [A] [B] [C] [D]
26. [A] [B] [C] [D]　31. [A] [B] [C] [D]　36. [A] [B] [C] [D]　41. [A] [B] [C] [D]
27. [A] [B] [C] [D]　32. [A] [B] [C] [D]　37. [A] [B] [C] [D]　42. [A] [B] [C] [D]
28. [A] [B] [C] [D]　33. [A] [B] [C] [D]　38. [A] [B] [C] [D]　43. [A] [B] [C] [D]
29. [A] [B] [C] [D]　34. [A] [B] [C] [D]　39. [A] [B] [C] [D]　44. [A] [B] [C] [D]
30. [A] [B] [C] [D]　35. [A] [B] [C] [D]　40. [A] [B] [C] [D]　45. [A] [B] [C] [D]

**二 阅读**

46. [A] [B] [C] [D]　51. [A] [B] [C] [D]　56. [A] [B] [C] [D]　61. [A] [B] [C] [D]　66. [A] [B] [C] [D]
47. [A] [B] [C] [D]　52. [A] [B] [C] [D]　57. [A] [B] [C] [D]　62. [A] [B] [C] [D]　67. [A] [B] [C] [D]
48. [A] [B] [C] [D]　53. [A] [B] [C] [D]　58. [A] [B] [C] [D]　63. [A] [B] [C] [D]　68. [A] [B] [C] [D]
49. [A] [B] [C] [D]　54. [A] [B] [C] [D]　59. [A] [B] [C] [D]　64. [A] [B] [C] [D]　69. [A] [B] [C] [D]
50. [A] [B] [C] [D]　55. [A] [B] [C] [D]　60. [A] [B] [C] [D]　65. [A] [B] [C] [D]　70. [A] [B] [C] [D]
71. [A] [B] [C] [D]　76. [A] [B] [C] [D]　81. [A] [B] [C] [D]　86. [A] [B] [C] [D]
72. [A] [B] [C] [D]　77. [A] [B] [C] [D]　82. [A] [B] [C] [D]　87. [A] [B] [C] [D]
73. [A] [B] [C] [D]　78. [A] [B] [C] [D]　83. [A] [B] [C] [D]　88. [A] [B] [C] [D]
74. [A] [B] [C] [D]　79. [A] [B] [C] [D]　84. [A] [B] [C] [D]　89. [A] [B] [C] [D]
75. [A] [B] [C] [D]　80. [A] [B] [C] [D]　85. [A] [B] [C] [D]　90. [A] [B] [C] [D]

**三 书写**

91.

92.

93.

94.

95.
96.
97.
98.

99.

100.

동양북스 채널에서 더 많은 도서
더 많은 이야기를 만나보세요!

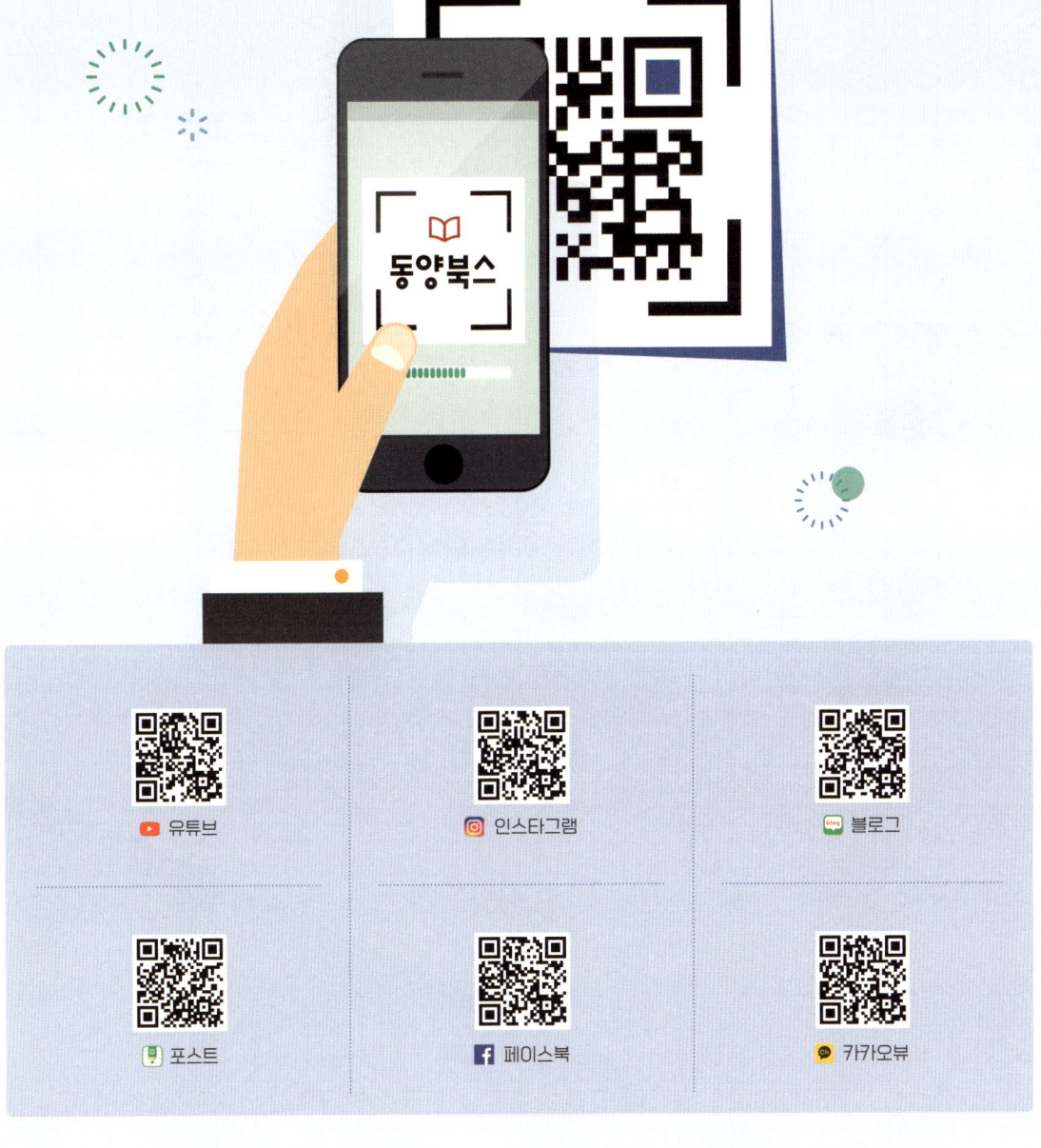

# 외국어 출판 45년의 신뢰
# 외국어 전문 출판 그룹
# 동양북스가 만드는 책은 다릅니다.

45년의 쉼 없는 노력과 도전으로 책 만들기에 최선을 다해온
동양북스는 오늘도 미래의 가치에 투자하고 있습니다.
대한민국의 내일을 생각하는 도전 정신과 믿음으로 최선을 다하겠습니다.